LA CLAVICULA

DE

OCULTURA

El Teorema del Sistema de la Doctología

GNOSIS DEL TERCER MILENIO

Arzobispo Dr. Roberto C. Toca
SAR MAR PROFETA

La Clavícula de Ocultura

El Teorema del Sistema de la Doctología

Gnosis del Tercer Milenio

Copyright © 2006, 2016
Reprinted in April 2016

Publicado por la Iglesia Católica del Rito Antioqueno, Inc. y el Arzobispo Dr. Roberto C. Toca.
Propiedad intelectual totalmente del autor.
Todos los derechos reservados. Este libro no puede ser reproducido, en todo ni en parte, en ninguna forma, sin la autorización escrita del autor.

Published by The Catholic Church of the Antiochean Rite, Inc. and Archbishop Dr. Roberto C. Toca.
The intellectual property of this book belongs entirely to the author.
All rights reserved. No part of this book can be reproduced in any form, without written permission from the author.

Diseño e ilustración de la portada y contraportada originales: Abadesa Sol Igneo

ISBN: 978-0-9779075-0-2

Library of Congress Catalog Card Number: 2006903532 (printed 2006)

First printed in the United States by
Morris Publishing in 2006

Dedicatoria

"Un mosquetero con mitra recuerda casi treinta años después...."

A mis colegas de siempre,
Los obreros del confesionario;
Aquellos a los que el pecado busca
En las tentaciones de las bellas mujeres,
Del buen vino y del dinero.

A esos tímidos de deseo y enfermizos de caricias
Que se dejan llevar por las pasiones
Para que luego casi todos digan que ellos
Eran los únicos culpables.

Para esos brazos vigorosos que levantan
Con elegancia y frustración las hostias
Sobre el altar.

A mis amigos de búsquedas en literatura
Y de juergas sacrosantas en ese pedazo del majísimo
Cielo de Madrid que resurgiera mis fragancias
De aquel jardín de flores, en San Bernardo Parada y
Fonda, donde la mutual convivencia se convirtiera
En una experiencia inolvidable con aquella esclava y dueña.

A los discípulos de siempre y después.

Reconocimiento:

A esa alma generosa y excelsa que ha sacrificado tanto su tiempo, su descanso y su actividad para ayudarme en los aspectos técnico-artísticos de estos libros. A Sol Igneo, mi esposa, sin ti esta obra no podría haber sido completada.

Gracias, amor.

El Autor

PROLOGO

Una de las preocupaciones fundamentales de la especie humana ha sido la comprensión de su propia existencia, es decir, llegar a tener consciencia de sí misma. La más importante formulación que he podido escuchar alguna vez fue la de un Magistro (Maestro) que haciendo las veces de oficial de enlace entre el ensueño y la cotidianidad me dijo que buscara respuesta a la incógnita de la gente. ¿Dónde está el yo? ¿Por qué somos en ocasiones todo lo contrario en lo físico y en lo psíquico, de lo que queremos o deseamos ser? A esta contestación dediqué siglos de pesquisas y cotejos, deambulando en el variopinto paraje del pensamiento hasta hallar la clave que me ayudaría a conocer, inteligir e interpretar.

En esta Obra el autor presenta la Clavícula, o sea, la clave maestra compacta que explica las leyes, los principios y basamentos en los que descansa la gnoseología del Tercer Milenio. He señalado que el uso de la inteligencia como fenómeno universal requiere en el plano material de la utilización de los sentidos físicos y de las extremidades para mecanizar, instrumentalizar y componer los recursos técnicos y científicos, artísticos, literarios, ideológicos y religiosos que permitan objetivizar y dar consistencia a nuestras motivaciones creativas.

Utilizando un lenguaje directo y a la vez exuberante estoy trabajando en la plasmación de un conjunto de factores que viabilicen la consecución de uno de los intentos más portentosos en la solución de la preocupación fundamental del ente humano, es decir, los límites de la dimensionalidad de la consciencia.

"La Gnosis del Tercer Milenio: Doctología" deviene en la Clavícula de Ocultura y abre el cerrojo oxidado de la puerta antigua que conduce a la tecnología ideológica del esoterismo contemporáneo. Esta obra es un instrumento del pensamiento que coadyuva a la auténtica interpretación y puesta en funcionamiento de los ejercicios y técnicas que forman parte del esquema de desarrollo psíquico y espiritual de Ocultura Universalis.

Tal vez la diferencia substancial de este sistema es su praxis: adaptabilidad en practicidad a todos los otros métodos de enseñanza de las tradiciones esotéricas –teóricas, filosóficas y prácticas- de la Historia. El resumen de todas las corrientes de aseveración esotérica es explorado desde una óptica eminentemente pragmática, sin por ello dejar de valorizar el acervo cultural que cada uno de ellos ha aportado al Ocultismo.

Otro aspecto importantísimo que se postula en esta Obra es la clara exposición de la ideología teísta que sustenta totalmente a este sistema de supra-lógica que he denominado Doctología, Ocultura Universalis y Existencialismo Esotérico. Durante mucho tiempo los conceptos abigarrados del Budismo Hinayana y de otras tendencias panteístas y a veces semiateas o ateístas como la doctrina de la Muerte de Dios que interfertilizó la Teología desacralizada de Dios en muchas denominaciones cristianas junto a la irónica frivolidad del catolicismo-romano y sus émulos en otras iglesias anglicanas, evangélicas y reformadas, así como el materialismo esotérico de los psicotrónicos de la que fuera la Unión Soviética han desvirtuado los orígenes teúrgicos del Hermetismo. Nuestra posición es por definición la siguiente: Dios es la Suma de los procesos conscientes y evolucionarios en el Universo. La Divinidad como Espíritu Supremo es la fuente de la vida del espíritu que dinamiza todo lo que emana de Su propia Esencia y que se manifiesta en caos, dándole forma y organización hasta llevarlo al nivel de Cosmos. Dios es en su plenitud de expresión Trino por sus aspectos de actividad, voluntad y pensamiento y el Hombre, su duplicado microcósmico del macrocosmos, como dijera Hermes Trimegistus en su Tabla de la Esmeralda. "Como es arriba, es abajo", la primera Clave del Hermetismo, el origen del Esoterismo y el Ocultismo y que del mismo modo el autor de la Escuela Sacerdotal del Antiguo Testamento describe en el Libro del Génesis también en términos alegóricos y cabalísticos. "Dios creó al hombre a su imagen y semejanza".

De este modo y por Iluminación Divina presento ante el mundo intelectual contemporáneo esta inquietante postulación ideológica que recoge el pensamiento y la emoción experimentados durante el procesamiento doctológico del Existencialismo Esotérico y su consecuencia epistemológica: Ocultura Universalis.

El valor radical de este sistema se sustenta en el propósito ingente de auxiliar al sincero buscador de la Verdad en su trayecto y asimilación y en que se ofrece la praxis dinámica de una tecnología sencilla y profunda para localizar el yo, identificar los obstáculos, ejercitar las habilidades innatas y lograr la creatividad dormida en el interior de cada ser.

Con la franqueza y sinceridad que me caracterizan, invito al lector a llegar a ser quien es realmente y de ahí en adelante provocar el cambio, no por variar, sino por redirigir hacia algo; hacia alguien, toda la potencialidad de su olvidada inmortalidad.

Por los que estuvieron, por los que aún llegan, por los que vendrán: "ni con los que estuvieron, ni con los que estarán, con los que están....¡no tan lejos que no se vea la llama, ni tan cerca que se queme la piel! Mi brindis, Vida, es por ti.

Arzobispo Dr. Roberto Toca, Sar Mar Profeta
Doctólogo Magistral
Fundador

En mi despacho secreto, cualquier día del comienzo de la semana del Sol en mi signo natal y el Ascendente señalando mi destino actual.

INDICE

PRIMERA PARTE

EL CANON DE LA LOGICA SUPERIOR

CAPITULO 1

"Buscar sin cesar lleva al privilegio de encontrar" - La Escuela Sarmang y los orígenes de la Ideología: A.E.I.O.U.

La primera referencia escrita aparece en algunos textos persas antiguos y designa a los conservadores de las doctrinas de Zoroastro. La etimología de la palabra sarmang es persa en su origen y procede de dos palabras: man o herencia y sar o cabeza. Sarmang es el depósito de la tradición transmitida de generación en generación por iniciados, los iluminados. Se trata por tanto de un círculo interno de la humanidad, de una fraternidad o hermandad del Asia Central.

Según las descripciones que han llegado hasta el presente, la Escuela Sarmang fue una antigua escuela esotérica fundada en Babilonia unos 2.500 años antes de Cristo. Esta fue una fecha trascendental para la cultura universal porque coincide con la emigración que reunió a los Acadios (raza semítica) con los Sumerios (la más antigua raza indo-europea).

Se dice que fue precisamente la escuela de sabiduría secreta, la Escuela Sarmang, quien guió los acontecimientos hacia el esplendor de Babilonia, bajo el gobierno de Sargon I y Hamurabi, hacia la Edad de Oro del Oriente Medio, progresivamente la fraternidad fue expandiéndose hacia el Asia Central primero donde recibió la influencia del mazdeísmo.

Manes, el famoso profeta del siglo II, estuvo asociado también a la Escuela Sarmang. Sus ideas maniqueas se difundieron por toda Europa entre los siglos III y IV y también por Asia. Manes valoró tanto los aportes del Cristianismo como del Zoroastrianismo y su ideal fue la unión fundamental de todas las verdaderas religiones. Desde hace siglos el centro de la Hermandad Sarmang se halla localizado en un lugar recóndito de Turquía, no lejos de Estambul, al cual sólo los iniciados tienen acceso tras haber pasado por las pruebas pertinentes. En su día Gurdjieff fue iniciado en la misma escuela, de la cual recibió la enseñanza de la "llamada de sí" o conciencia permanente de origen maniqueo (el llamado de lo Alto) y el sistema de desenvolvimiento de las energías internas del hombre por medio de ejercicios y técnicas que componen el Cuarto

Camino (método de desarrollo interno del hombre traído por el a Occidente).

Según la tradición esotérica en cada época de la humanidad los profetas y fundadores de las nuevas religiones han obedecido a una acción concertada dirigida por una mente superior, para introducir en el mundo una nueva forma de pensar y elevar a la Humanidad. Esos seres superiores constituyen el Círculo Interno de la Humanidad. La Escuela Sarmang es el centro físico en la Tierra de ese Círculo Interno, desde el cual la Sabiduría Oculta ha irradiado al hombre a través de las edades, adoptando diversas formas, distintos ropajes intelectuales y culturales, de acuerdo a la civilización a que iba dirigida. Los Maestros de la Hermandad Sarmang reciben el nombre de Karwajans.

LOS NUEVE SABIOS INCOGNITOS VUELVEN A LA CARGA

La tradición de los Nueve Sabios Incógnitos se remonta al emperador Asoka (304-232 A.C.) que reinó en la India a partir del año 273 antes de Cristo. Nieto de Chandragupta, primer unificador de la India, a causa de su ambición y violencia en el afán de conquista y sometimiento de otros pueblos, fue llamado Changasoka, es decir, el furioso Asoka. Sometió por la fuerza el país de Kalinga, que se extendía desde la actual Calcuta a Madrás. Los kalingueses resistieron perdiendo cien mil hombres en la batalla. La contemplación de una masacre de tal magnitud hizo que a partir de aquel momento Asoka rechazara la guerra y el sacrificio tanto humano como de animales. Dio por terminado su intento de sojuzgar a los países insurrectos, considerando que su verdadera victoria consistiría en ganar el corazón de los hombres por la ley del deber y la piedad propiciando que todos los seres disfruten de libertad, paz y felicidad.

Tercero de la dinastía Maurya, el rey Asoka se convirtió al budismo y emprendió una serie de reformas, entre ellas, la proclamación de la Ley Sagrada budista (*Dharma*), donde prevalece el deseo del bienestar espiritual y material de la humanidad. Estas reformas se recogieron en una treintena de inscripciones en piedra - en forma de pilares o columnas de hasta 15 metros de altura- repartidas por los territorios actuales de la

India, Nepal, Pakistán y Afganistán, en las que el soberano se autodenominaba "Piyadasi, el Amado de los Dioses". Asoka propagó la religión budista por toda la India y por su imperio que se extendía hasta Malasia, Ceilán e Indonesia. Después el budismo se expandió a Nepal, Tíbet, China y Mongolia. Mas a pesar de su firme creencia budista, el rey Asoka postuló siempre el respeto hacia todas las formas de religiosidad. Predicó el vegetarianismo, proscribió el alcohol y los sacrificios de animales. H.G. Wells se refería al rey Asoka diciendo "Entre los millares de nombres de monarcas que se apretujan en las columnas de la Historia, el nombre de Asoka brilla casi solo, como una estrella".

Bajo el reinado de Asoka la ciencia de la Naturaleza pasada y por venir se convirtió en una fuente de conocimiento secreto al fundar este soberano la más poderosa sociedad oculta de la Tierra: los Nueve Sabios Incógnitos.

Los Nueve Sabios Incógnitos raramente se manifiestan en el mundo exterior. Tienen la misión de preservar el conocimiento de los medios de destrucción, el proseguir las investigaciones beneficiosas para la Humanidad. La sociedad se renueva con cierta periodicidad para preservar los secretos venidos de un remoto pasado. Su nombre societario es "Cenáculo de Hermanos Invisibles del Saber, del Poder y del Amor".

Los Nueve Sabios Incógnitos emplean un lenguaje críptico. Cada miembro posee un libro constantemente escrito de nuevo y que contiene una exposición detallada de una ciencia. El primero está consagrado a las técnicas de propaganda y la guerra psicológica y contiene las claves para el gobierno del mundo. El segundo abarca la fisiología, y describe cómo producir la muerte de un ser humano por tan sólo un roce, provocando la muerte al invertir su flujo nervioso.

Los libros subsiguientes abarcan el vasto conocimiento de múltiples materias entre ellas: microbiología, luz, medios de comunicación terrestres y extraterrestres, gravitación, transmutación de los metales, cosmogonía, y sociología, acerca de las leyes que rigen la evolución de las sociedades, el ascenso y descenso de las civilizaciones.

LA TRINIDAD, TRIMURTI Y TRI-SANTA-SOPHIA

Uno de los dogmas fundamentales del Cristianismo es el de la Santísima Trinidad, es decir, que Dios siendo uno en sí mismo, es a la vez tres personas distintas. Doctrina tan profunda y trascendental sin embargo no es original del Cristianismo ni fue establecida Cristo.

Hasta el año 165, aproximadamente, el Cristianismo no incluía una creencia en la Trinidad. Hasta San Agustín hubo varios conceptos trinitarios cuyos defensores lucharon con verdadero encarnizamiento por hacerlos prevalecer pero acabaron todas por desaparecer. La actual Trinidad oficial fue el resultado de la poderosa testa de Agustín de Tagaste. Pero este intento cuasi vano de comprender, de intelegir la idea de Dios no es único. En las grandes religiones de la antigüedad encontramos un arquetipo Veamos algunos ejemplos.

La triple manifestación de lo Absoluto: Vida, Forma y Pensamiento, está constituída en la teología cristiana por Padre, Hijo y Espíritu Santo, traducido a la filosofía hindú como Sat, Chit y Ananda, que de ninguna manera ha de confundirse con la trimurti brahmánica. La trilogía musulmana, El-Aquil, El Aqlu y El Maqul, es análoga a la teoría sefirótica de los hebreos, donde encontramos a Kether, Hochmah y Binah, lo que corresponde en el esoterismo egipcio a Tem, Shu y Tefnut.

Los chinos tienen el Tei, Yang y Yin que corresponden como en el Yoga a las tres fuerzas Sushumma, Pingala e Idah.

El concepto de la Trinidad cristiana tiene claras influencias babilónicas y de ellas, la principal es la triada constituida por Anu, Bel y Ea. Posteriormente Marduk reemplazó a Bel en cumplimiento de la voluntad de su padre Ea. Marduk era llamado el Señor y también el Misericordioso. Actuaba como mediador entre su padre y la humanidad teniendo la función de redentor, en pugna contra el poder del mal, resucitando de entre los muertos. Más tarde aparecería una triada secundaria formada por Sin, Asmas y Adad.

Para los egipcios la suma divinidad se concretaba en una triada formada por Isis, Osiris y Horus. Carl Gustav Jung estudió ampliamente las raíces de la trinidad cristiana en Babilonia y Egipto, llegando a la conclusión de que las triadas o ternarios son un arquetipo histórico-religioso del que sin duda tomó elementos y sirvió de inspiración a la trinidad cristiana.

La Trimurti hindú no es otra que un dios en tres personas, es decir, la Trinidad. El Brahman o Alma del Mundo se manifiesta de tres maneras, la primera persona es Brahma o el Creador, la segunda es Vishnú o el Preservador y la Tercera es Shiva, el Destructor.

El Tao Te King o Libro del Camino Recto, de Lao Tse, encontramos estas enigmáticas palabras: "La fuente y la raíz de todo es Una. Esta auto existente unidad necesariamente produce al Segundo. El Primero y el Segundo por su unión producen al Tercero y estos Tres lo producen todo". En China y Japón, de acuerdo a la creencia del budismo, es el propio Buda quien una vez divinizado es dividido en tres personas diferentes.

La Trinidad de la religión de Mitra o mitraica se diferencia de las restantes en la figura de Ahrimán, el Satanás de los persas. Ormuz es el Padre, Mitra es la Segunda Inteligencia y Ahrimán, el Destructor. En la creencia mazdeísta primitiva predicada por Zoroastro, existía un dualismo: Aura Mazda, el Creador o Espíritu del Bien y Angra Mainyu o el Espíritu del Mal, que se convertirían en Ormuz y Ahrimán.

En el gran obelisco de Roma, vestigio de la Roma pagana, se puede leer en caracteres griegos: I. Dios Todopoderoso, II. El Engendrado de Dios, III. Apolo, el Espíritu Odín, Freya y Tor formaban la trinidad escandinava donde Odín era el Dios Supremo y Padre Universal, Tor era el primogénito de Odín y Freya representaba la fertilidad, la paz y abundancia. Grande fue la sorpresa de los primeros misioneros enviados al continente americano recién descubierto cuando observaron que los indios de Centro América creían en varias trinidades y adoraban la cruz. En el Popol Vuh, libro sagrado de las tribus quiches y cachiqueles centroamericanos, se hace referencia a la trinidad sagrada formada por Tohil, Avilix y Hacavitz.

También en el Yucatán los misioneros se asombraron y espantaron al saber que los indios adoraban a Bacab a quien representaban como un hombre crucificado. Bacab, la segunda persona de una trinidad formada por Itzamma, el Padre; Bacab, el Hijo nacido de una Virgen, que fue crucificado después de someterse voluntariamente al martirio y, por último, Echeuac, el Espíritu Santo.

Podríamos seguir enumerando ejemplos del arquetipo no sólo de la Trinidad divina sino de la redención, de la entrega en sacrificio cruento de la segunda persona de la Trinidad, Y unida a la idea de las Trinidades antiguas, encontramos la de los salvadores, los redentores, hijos de Dios padre que dan su vida en sacrificio cruento, muchas veces en la cruz. Anu, de la mitología babilónica cuyo símbolo era la cruz, fue uno de esos redentores. Krishna, el Supremo Avatar hindú, murió clavado en un árbol, rematado por una flecha que fue disparada por un cazador. Indra, otro personaje de la mitología hindú, también fue crucificado. En la mitología escandinava Odín entrega su vida atravesado por una lanza contra el árbol del mundo.

Los del Camino, los originales seguidores del Maestro Jesús fueron llamados después cristianos por vez primera en Antioquía.

En resumen, he querido poner de manifiesto en esta Summa Teológica, todos los factores que integran la Sabiduría Esotérica de la Religión Universal de la Verdad que es a la vez la composición de las doctrinas, postulados y enseñanzas de los Fundadores de todas las religiones, sistemas de pensamiento y tradiciones ritualísticas de la Historia.

En el Cristianismo en particular tenemos el corolario de las grandes religiones anteriores: Hinduismo, Egipticismo, Zoroastrianismo y Hebraísmo. Estas repiten los ternarios o Trimurtis, a saber: la Santísima Trinidad, Dios Padre, Hijo y Espíritu Santo, que equivale en la cristología soteriológica al Brahma, Vishnú y Shiva del Hinduismo, al Osiris, Isis y Horus del egipticismo y así sucesivamente, en estas antiguas fórmulas de fe al igual que con las religiones y rituales atlantes, lemures e hiperbóricas. Las tesis de la reencarnación, el destino o Karma entre los indostánicos y budistas y kismet entre los árabes e islámicos, que también se recoge en los Evangelios, así como los Credos, el de los apóstoles, el constantinopolitano y el atanasiano al que hay que agregar el Credo del Tercer Milenio, que aparece en su contexto ideológico en toda esta obra. Los planteamientos gnósticos que vinculan a Jesús, Supremo Sacerdote del Orden de Melquisedec, el Patriarca extraterrestre de la Biblia y lo relacionan con el segundo Adán, mientras que el Señor de la Segunda Venida, el proceso planetario de la Reaparición del Señor de la Historia, el Cristo Cósmico, ocurrirá con su Nombre Nuevo y se convertirá en el Tercer Adán como Encarnación de la Segunda Persona de la Trimurti y Supremo Avatar de la Era de Acuario que regirá con vara de hierro (cetro de Poder) para instaurar junto al Octavo Sacramento, el Mistericón, la estructura de mando jerárquico de la Iglesia Universal en la que se conjugan las tres formas de gobierno eclesiástico históricas, o sea , el sistema episcopal o católico y ortodoxo, el sistema presbiteriano de los reformistas y el sistema congregacional de las asambleas evangélicas más bizarras y que se transformará en un gobierno compartido por la jerarquía angelical, la comunión de los Santos y el nuevo orden hierático o sacerdotal.

De esta manera, las concomitancias teológicas y doctrinales de los fundamentalistas, los modernistas y los liberalistas, se vertebrarán acogiendo lo más depurado de éstas en la Gnosis del siglo XXI, o sea, la Arcaica Enseñanza Iniciática de Ocultura Universalis.

La última de estas Triadas, es decir, las escuelas originales de interpretación escrituraria del Antiguo Testamento, o en otras palabras, la Escuela Elohística, la Yavística y la Hierática, se sintetizará en el sistema de la Doctología.

CAPITULO 2

"Para los que lo hallaron, el tesoro más exuberante está en el interior"- La Conciencia y el Jiva - La Mónada es Espíritu.- Análisis de los otros aspectos y vehículos del alma.

Aparato pensante es el conjunto de elementos a través de los cuales se puede pensar. El pensamiento es un momento de la conciencia. Conciencia es percibir en plenitud. Se puede diferenciar entre infraconciencia, pseudoconciencia, conciencia y supraconciencia.

En este momentum que nos ha correspondido vivir hay que haber sufrido en el Camino del Desarrollo para poder comenzar en él y luego avanzar, logrando las Iniciaciones planetarias y solares.

Nos hallamos en la mitad de la noche de Brahma o Pralaya. La materia física o Prakriti es la sustancia en todos los planos del Universo. La chispa divina o jiva se reviste de la Mónada, luego de los vehículos del alma y después de los vehículos inferiores.

La cruz hermética de los Iniciados simboliza la resurrección que es el símbolo místico de la reencarnación.

El Universo se mantiene por la existencia de un equilibrio de fuerzas contrarias. El ser humano actúa como transformador de energías del planeta y del universo, de ahí que se encuentre "esclavizado por las leyes inferiores".

Los Jivas están sueltos en el Universo; a través de la Mónada están tratando de salir hacia el exterior. No tienen conciencia de sí mismos hasta que reciben una serie de choques que producen el desprendimiento de átomos pesados. Los ritos mágicos si la persona es consciente, liberan esos átomos pesados.

Jiva es luz del espíritu despierto o mónada consciente de sí misma.

A través de la esencia de nuestro ser se ha de entender la mónada.

El jiva se manifiesta en los ojos, en su brillo. Cuando el jiva se despierta, se ponen en actividad las espirillas o espines del encéfalo.

El espíritu es materia cristalizada, la materia es espíritu densificado. El espíritu lo forman partículas de libertad, iluminación y potencia.

El ser humano alcanza el nivel suprahumano al llegar a la liberación de la Rueda de Reencarnaciones. Esto rompe el cuerpo causal. El antakarana o puente se rompe y el jiva se manifiesta activamente a plenitud.

El nivel de percepción humano tiene muchos límites. Nuestra percepción es incompleta en tres dimensiones sólo, percibimos en un universo tridimensional a pesar de que existen muchas más dimensiones. Bajo influencia de drogas o emociones superiores o por la iniciación realizada por un auténtico hierofante, esas limitaciones pueden ser superadas.

La Intuición es el rayo que ilumina y absorbe en un instante a plenitud. Su nivel de certidumbre es mucho más alto que el del razonamiento. La vida está diseñada para que aprendamos como escapar de las leyes. Es la vereda del "hombre ladino" que se sigue como Camino del Desarrollo.

Lo ideal en el Sendero espiritual es lograr el balance o equilibrio entre la seriedad y la capacidad de tomar a risa lo superfluo. Desarrollarse requiere modificar el proceso químico de nuestros hidrógenos. Para describir la constitución del alma hay tres fases: mecanicidad, supervivencia e inmortalidad. Otros aspectos son:

1) substancias orgánicas formadas del prana y elementos químicos, el orgón.
2) Nebulón, o sea, partículas del plasma cósmico.
3) Jiva o partículas luminosas ultra galácticas, es decir, el polvo de estrellas.

La apertura de la puerta a la Vía de Sirio se produjo desde las 11 y 11 minutos del día 11 de enero de 1992 hasta las 11 horas y 11 minutos de la mañana del 12 de enero del mismo año. En esa fecha especial se activó la memoria cósmica grabada en el DNA, esto es, en las espirillas de las neuronas, una vez activadas de cada lado del cerebro que no habían sido activadas previamente.

Habrá una convergencia de Sirio y Alfa del Centauro para producir la última frontera del Siglo XXI. Sirio tiene dos soles, uno blanco y otro negro.

Aún nos hallamos en la quinta Raza raíz, pero ya el Nuevo Milenio ejerce su dominio sobre el Planeta Tierra.

TRASVENIC, MEKENES, HIPNOSIS Y SOFROSIS.

La Doctología enseña que los individuos del Primer Rayo no son fáciles de hipnotizar ni tampoco tienen dotes de hipnotizadores. El lenguaje facial es enfaticalismo. Quien habla y no mira, miente.
Nos encontramos en un centro de fuerza localizado al norte de la ciudad de Tampa, en el estado de Florida, en los Estados Unidos. Es un vértice de luz. En Odessa el vórtex comunica con la ciudad secreta de Asgard, localizada entre Shamballah y Agharta, entre el Tíbet y el desierto de Gobi.
El camino más cercano es el conocimiento del Rayo individual, para poder acercarse al Maestro y lograr la Iniciación Cósmica.
La Humanidad está dentro de un cuerpo largo compuesto de factores sociales, históricos y políticos. Dentro de ese cuerpo se halla entrampada.
Para saber el lugar que se ocupa en la escala de la vida, hay que plantearse las siguientes preguntas: ¿Me conozco?, ¿Sé dónde estoy?, ¿Comprendo hacia dónde voy?, ¿Qué es lo que yo quiero? Conocer las propias limitaciones permite responder en parte estas preguntas. En la medida en que se es sólo conformista, se pierde el tiempo.
Nunca te conformes con menos que con todo lo que lleva hacia la plena realización espiritual, de tal manera que toda la naturaleza de uno mismo llegue a la Plenitud, porque "límite establecido es límite trascendido". Exigir de uno mismo el máximo, porque si se exige menos que eso, se es mediocre.
Necesidad de despertar, si no por comprensión, a golpes. El gran problema de las relaciones hombre-mujer, es que se dejan llevar por las apariencias. En suma, para conocerse, deberá decir sí a la educación, no a la hipocresía, para que logre algo en sí mismo que realmente valga, ya que ser supranormal pasa primero por ser normal.
Pero también es necesario que se haga esto: recordar y aplicar. Romper los bloques que restringen la naturaleza interna. Por ejemplo la inercia, posponer la acción, tomarse la vida demasiado en serio, sin alegría.
Tenemos que purificar el corazón primero para desarrollar la clarividencia. También es primordial acercarse a Dios, pero en un acercamiento continuo y constante, no fugaz y transitorio.

San Agustín decía que la Sabiduría está en desear lo que se tiene. Es, en otras palabras, saber reconocer y emplear la riqueza de la fuente que existe en nosotros mismos. Hay que aprender a ver con profundidad, no superficialmente.

No se puede combatir la muerte con la muerte. Debemos combatirla con la creación del alma inmortal. Entonces el Ángel de la Muerte ya no tendrá control.

El primer deber es la alabanza y la devoción a Dios, si no, no hay desarrollo espiritual.

Entender el mundo es comprender su economía y política, así como su sociología, en esto tiene su punto de partida la Doctología. San Ambrosio decía. "De donde te viene esto, alma del hombre, de donde te viene esto".

La práctica de la División de la Atención (entre uno mismo, la situación en que se encuentra y Dios) es la técnica para la apertura de los márgenes que limitan la conciencia.

La Biblia dice que el Señor vendrá rodeado de sus ángeles en una nube sobre el santuario pero la percepción del alcance de esa realidad sólo se logra por la iluminación del entendimiento a través de los procedimientos técnicos de la Doctología.

Salomón pidió a Dios la Sabiduría y obtuvo ésta más todos los dones de la vida. Pudiéramos decir que esto es un postulado de la A.E.I.O.U. tan urgente ahora como en los tiempos de Salomón.

El poeta Amado Nervo escribió: "Quien busca a Dios ya lo ha encontrado". Andar en búsqueda y encuentro son el alfa y el omega de este sistema. Del mismo modo, estos pensamientos ayudan a romper los círculos hipnóticos y mecanicistas, a recorrer el Verdadero Camino: el camino de la Vida Eterna.

La muerte no es final, sino vía, decía José Martí.

Hermenéutica como estudio del significado profundo de la Sagrada Escritura. Rema es la intención de Dios. Profus, palabra de origen griego, de la que se deriva el término profesor; significa el que enseña, visionario, profeta. Con estos términos se explica la penetrabilidad dentro del contexto de la Escritura Sagrada de esa Voluntad Expresa y Directa de la Divinidad plasmada por medio de la Sabiduría profética.

El contraste entre el hombre y la mujer ordinarios y aquellos entes conscientes sexuados se pone de manifiesto en un apotegma de la Doctología: la mujer debe tener equilibrio, no sólo recibir de los hombres sino también ser colaboradora, no simplemente alguien que quiere controlar y dirigir.

El mejor negocio es cambiar lo transitorio por lo permanente. La infatuación y la vanidad son el camino hacia el autoengaño.

¿Qué impide avanzar al ser humano? El monstruo que el hombre lleva dentro.

Por la mecanicidad, el automatismo y la inconsciencia, la historia del Cristianismo es la historia de las tergiversaciones.

En esta octava lateral del nivel esférico decimotercero, el hombre gris es una entidad que influye en todas las áreas de la sociedad y la economía a través de la propaganda mercantilista de Wall Street o las altas finanzas internacionales. Todo lo gris ejerce más influencia sobre el hombre en general que lo positivo y lo luminoso. Los hombres grises usan las emociones personales para sus mezquinos intereses, para propiciar las guerras y mover el mercado bélico mundial. Estos "hombres grises" se han identificado con extraterrestres en diversas fuentes gnoseológicas contemporáneas.

En la obra "The Visible Church" se relata una anécdota del Cardenal O'Connor quien no sabía el origen de la mitra cuando iba a ser consagrado obispo. Obviamente la mitra es un objeto mágico de los hierofantes, recibido de la antigua religión mitraica. Esto en el plano eclesiástico, se puede parodiar en estas palabras de Mme. Roland: "libertad, libertad...¡cuántos crímenes se cometen en tu nombre!". ¡Qué horrendo crimen la ignorancia del aspecto esotérico de la Religión que se ha perdido, escamoteado!

Para enseñar hace falta vocación de ayudar a los demás a desarrollarse, tener paciencia, pedagogía y amor. Hay que enseñar la forma de ser objetivos, siendo un ejemplo vivo, con firmeza y refinamiento, así como con sinceridad. La hipocresía es la madrastra de todos los defectos.

Hay que afrontar las pruebas de la incomprensión y la tergiversación por los mancos mentales, los reptiles del pensamiento y los coprófagos superficiales. Las grandes Obras nunca naufragan en el proceloso mar de la vida humana aunque el obligado respeto al propósito del Misterios nos lleve como es tradición en el Hermetismo a utilizar la retórica del anagrama y el simbolismo de la parábola.

Cuando se entra en un templo, siempre hay que regocijarse, sentir alegría; es llegar a un "pedazo del cielo" que se proyecta en el mundo material. Pero luchar contra el aguijón de la falsa religión y los jerarcas de las iglesias convencionales produciría lo que le sucediera al místico Arjuna en la epopeya indostánica: "Si yo peleara con todos estos Maestros, aunque fueran apetecedores de bienes, rociarían con su sangre los festines de mi vida", dice el Baghavad Gita.

EL SER HUMANO Y SUS CUERPOS O VEHICULOS

Hay seres dentro de seres y mundos dentro de mundos. Profundizar nos lleva a formular ciertas interrogantes ineludibles: ¿Dónde está el ser humano? En todo ser humano se manifiestan los reinos o mundos siguientes:

1. elemental (vehículo mental y astral)
2. inorgánico (universal)
3. vegetal (inercia evolucionante)
4. animal (mundos orgánicos). El reino animal implica lo motriz, instintivo y emocional.

Existen otras influencias más allá. Los seres humanos que han alcanzado la evolución dentro de nuestro sistema planetario pueden ponerse en contacto con las influencias superiores siendo conscientes del mundo invisible que los rodea.

El proceso de la reencarnación se verifica en la inserción del átomo permanente de la individualidad en y durante la concepción, pero no todos los embarazos son iguales: hay una diferencia cualitativa que es la realización del vehículo para una entidad superior. El proceso de gestación es físico, psicológico y espiritual. Al sublimar la capacidad extrasensorial, se incrementa la percepción. Cada pequeño yo representa una vida pasada.

El sabio se convence cada día de todo lo que ignora y aún debe aprender. En el mundo astral los cuerpos son interpenetrables. En los subplanos inferiores del plano astral, se pueden producir situaciones térmicas que se plasman en el plano físico, de ahí el peligro de intentar experiencias por sí mismo. En el mundo astral se percibe en cuatro o cinco dimensiones, se ve por dentro.

El ser humano es una unidad indisoluble. El cuerpo causal es incoloro hasta que se le da contenido con la creación del alma. La proyección fuera del cuerpo se puede hacer con:

- el cuerpo etérico: no se aleja del cuerpo físico,
- el cuerpo astral: se puede alejar más del cuerpo físico
- el cuerpo mental: no tiene límites de distancia en el Sistema Solar.

El cuerpo físico está limitado, sin embargo, el cuerpo astral es menos limitado y con apropiado entrenamiento puede llegar a tener contactos en otro plano. En el mundo astral es necesario tener las claves para poder traspasar las barreras y limitaciones.

El alma mental se halla a unos treinta pies de altura respecto del cuerpo físico; el espíritu, a unos 1350 pies de altura.

El cuerpo físico del ser humano posee tres sistemas nerviosos o cerebrales con tres grandes funciones. En el cuerpo astral se manifiestan las emociones a la izquierda, los sentimientos a la derecha, los aspectos negativos hacia abajo, y los positivos, hacia arriba.

Si se tiene suficiente carga de energía etérica, se puede seguir hacia delante. El contacto directo con la vida, es decir, en profundidad, permite la carga de la batería permanente de la conciencia supra física.

Postulamos que dentro del cuerpo humano hay siete piedras y hay que descubrir cuál es la piedra angular. El ara es la piedra situada bajo el altar del sacrificio. Se produce una explosión energética con esa piedra para cerrar el aura telúrica a las enfermedades morales, astrales, mentales y psíquicas. Se produce una implosión en el caso de las enfermedades físicas y psicosomáticas, así como en las enfermedades hipocondríacas por lo que el hallazgo de esta piedra angular y las otras piedras corresponde a la comprensión del subrayo y de los demás aspectos. Téngase presente que la piedra angular manifiesta el temperamento mientras que las otras homologan el carácter, la personalidad, la voluntad, la conducta instintiva y los otros rasgos de cada individuo.

Hay sentidos intraceptores (percepción de la temperatura, sensaciones térmicas) y extraceptores (gusto, vista, olfato, oído, tacto). Las manifestaciones de la sensibilidad son extrasensoriales por ser intangibles.

El sentimiento es una respuesta astral a lo externo, en tanto que la emoción, aunque también astral, emana desde el interior del ser humano. La sensación es una respuesta puramente en el plano físico a los estímulos exteriores. En el Camino del Desarrollo se aprende a ponerse por encima de los pares de opuestos.
Hay tres clases de alma: animal o astral, psíquica o mental y espiritual o Buddhi.
El objetivo de las exteriorizaciones es emitir ondas thetam y tener conciencia en el mundo astral. El polvo de la Tierra es una octava superior de una materia sutil.
El ser es el espíritu que está revestido de alma, cuerpo, sentimientos, voluntad, movimientos, carácter y temperamento.
Todo sucede. Sólo a los sujetos autodeterminados no les suceden las situaciones sino que ellos son capaces de "hacer". "Pasarás por mi vida sin saber que pasaste", decía el poeta. Solamente dejamos huellas en el espíritu por la autoconciencia, la memoria y la comprensión.
Como dijera Confucio: "El hombre tiene muchos planes para sí mismo, pero la vida tiene uno solo para él". Descubrir el plan que Dios tiene para cada uno de nosotros y seguirlo es alcanzar la plenitud de la existencia, la autorrealización y por ende, el triunfo total.
Una forma de vencer las limitaciones del cuerpo físico es una adecuada respiración y la no identificación. Cada noche cuando uno duerme debe dejar el cuerpo físico en la misma forma en que se desprende uno de un traje. En el mundo astral se realiza ese proceso cada noche durante el sueño.
En el camino de la perfección las emociones y los sentimientos ejercen sobre nosotros una enorme influencia. Decía Epicteto: "A veces pesan más vuestros pensamientos sobre las cosas, que las cosas en sí mismas". Debemos alcanzar un estado interior que nos permita ponernos por encima de los eventos, situándonos por encima de nuestros propios pensamientos condicionados.
El límite último y más fuerte en el Camino del Desarrollo es el cuerpo mental. Recordemos el axioma: "El hombre es lo que piensa, por tanto, piensa en lo eterno" dice el Baghavad Gita. El pensar y el pensamiento son diferentes. Pensar como un acto intencional de raciocinio. El pensamiento sin embargo puede ser el resultado del decursar de la mente, viene por sí solo, sin necesidad

del acto racional. Cuando creamos nuevos pensamientos estamos atrayendo átomos vibratorios nuevos. Este es el modo de influir sobre nuestras auras. En resumen, cuando somos capaces de pensar comienza la línea de comunicación con el alma.
Lo más importante es lo que se siente, se evoluciona a través de las emociones. El intelecto da información. El cuerpo astral es el subconsciente. El aura revela el subconsciente en tanto que el sueño es el lenguaje del mundo astral. Los olores y sabores en el sueño desarrollan la intuición.
Los elementales y elementarios, también llamados animalacres, se alimentan de la energía negativa de los substratos más bajos del mundo astral. El mundo astral es el mundo de los sueños en cual hay devas y asuras (Ángeles o demonios). El mundo astral tiene más dimensiones que el mundo físico. En el éste último se considera lo largo, ancho y alto. En realidad son cinco dimensiones a considerar, pues habría que añadir el tiempo y la posibilidad de proyectar todo sobre sí (se ve todo al mismo tiempo por todos sus ángulos, interior y exteriormente).
Todo existe en el mundo astral antes que en el físico. Los sonidos del mundo astral pueden captarse con un equipo llamado metáfono. También existen colores en el plano astral. En el futuro cercano habrá comunicación entre el mundo astral y el físico. En el plano astral hay penetrabilidad.
Hay una fórmula que se aprende para programarse al despertar del sueño. Cuando se frotan los pies y las manos se desprende mejor el cuerpo físico del astral, antes de dormir. No hay que esperar a estar rendido de agotamiento para ir a dormir. Debe darse gracias a Dios tanto al final del día como al despertar. De este modo disciplinamos al Yo inferior para que se rinda al efluvio del espíritu o esencia interior.
Bañarse en la mañana limpia el magnetismo astral de los vitatrones acumulados durante el proceso de sueño subconsciente.
En la misma forma en que uno entra en la cama para dormir, así se despierta al día siguiente, porque es un ciclo completo.
El cuerpo astral es un ovoide. Si al proyectarse existe el sedimento en el mundo material, éste sirve para lograr más rápidamente la conciencia en el plano astral. Ejemplos de sedimentos son la sal y el agua, colocados en recipientes próximos a la cama en el lugar

donde se va a dormir. El agua es el vehículo del mundo astral, el mundo de las emociones.
El alma como dualidad entre espíritu y materia. El alma encarnada debe desasirse de la identificación con la personalidad, para proporcionar la autoconciencia entre la Esencia y sus vehículos de manifestación.
El olfato es la comunicación del mundo físico con la intuición. Al conocer a alguien se percibe un olor o sabor especial, esa es la manifestación de la intuición.
La composición del ser humano es septenaria. Puede describirse así:

- Triada superior imperecedera, formada por Atma o la Voluntad, Buddhi o la Intuición y Manas o la Inteligencia.
- Mente o manas inferior. Es el cuerpo mental.
- Emociones o cuerpo astral
- Vitalidad o cuerpo etérico
- Cuerpo físico

Por encima de todo esto se encuentra el Espíritu o unidad elemental de conciencia, la mónada. Partículas de libertad son el componente de la mónada. La libertad humana existe al nivel de la mónada, la que puede extenderse o irradiarse hacia el mundo de la existencia condicionada. Esto ya ha sido demostrado y corresponde al estudiante de Doctología seguir las pautas de la disciplina escolástica del Existencialismo Esotérico. El Homo sapiens es en consecuencia, un complejo de organismos, cuerpos y funciones desde el Yo real y sus vehículos de conciencia al temperamento, carácter, instinto, voluntad, emoción, sensibilidad, sensación, estados mentales subconscientes y supraconscientes y las divisiones y alternativas entre unos y otros. De tal forma que el Yo es "un momento de la consciencia" mientras que la inteligencia es un instante del pensamiento. Solamente por la integración del ser y su unicidad se alcanza la inmortalidad.
Por lo tanto, para el discípulo de una Escuela Esotérica, la comodidad no produce el desarrollo el cual sólo se logra por el esfuerzo sostenido y la autodisciplina mental, emocional y física.
Pero también un discípulo puede ofrecerse espiritualmente para el uso de seres superiores antes de adentrarse en el mundo astral. Ser ocultista es ver más allá. Para estar delante de la luz superior hay que encontrase en condiciones de verla. La gran mayoría de los

seres humanos no tiene alma. Realmente las iglesias cristianas en su teología no creen en el alma inmortal. Consideran que se disuelve tras la muerte y que tras la resurrección de las ánimas volverán con el mismo cuerpo físico.
La cristalización del cuerpo causal diferencia al que no tiene alma del que la tiene. El cuerpo causal es la capacidad pensante.
Al igual que no podemos ir al fondo del mar sin escafandra, la mónada necesita manifestarse en el mundo físico a través del alma. Pero el alma es una posibilidad, una condición interna no desarrollada. Del mismo modo que el cerebro se desarrolla, así el alma ha de desarrollarse también. Es similar a un diamante: un carbón en bruto.
En cuanto al fenómeno de la dilatación del tiempo, éste existe a nivel astral. Hay contracción y dilatación. Todo es más lento en los planos más bajos o sea, más densos, del mundo astral.
Algunos seres humanos son entes sin almas porque nos les ha entrado jamás el ser interno. Son por lo tanto, desalmados.
El primer aspecto entra en la concepción de un nuevo ente humano. El segundo aspecto o alma entra con el nephesh o aliento primero al nacer. Posteriormente a la edad de siete años entra la mónada.
Si la gente fuera consciente del mundo astral, no temería la muerte. La muerte no existe, excepto para quien la teme.
En el mundo de la existencia condicionada, o sea, en el plano físico, el hombre recibe tres tipos de alimentos: la comida, el aire y las impresiones. Como ya hemos dicho, el Espíritu o Mónada se manifiesta en el cuerpo físico por medio de los ojos. El hígado es el contingente físico de la materia astral o del mundo de emociones. Todo manifiesta en sí tres aspectos, tal y como se sintetiza en esta analogía: Agartha, Shamballah y Asgard. “Como es arriba, es abajo”, aunque por derivación contrastante, el cuerpo astral equivale al agua en la naturaleza. El agua o vehiculo acuoso astral es un éter reflectivo que analógicamente al Akasha permite soñar en colores, lo cual significa hallarse en altos niveles astrales.
La forma de vivir en el mundo astral siendo consciente antes de pasar por la muerte física es lograr la conciencia lúcida en el sueño.
Fases del sueño:

- R.E.M. o rapid eye movement, en inglés, que significa movimiento ocular rápido.
- Se suavizan los movimientos oculares al pasar de ondas beta a alfa.
- En estado alfa se puede durar de media hora a tres horas.
- La conciencia lúcida en el sueño se adquiere en el nivel de emisión de ondas cerebrales thetam.

El tiempo de sueño que el ser humano utiliza diariamente suele ser excesivo. La base para conocerse uno mismo es el sueño. El sueño, el ensueño y la dormición son estados del inconsciente individual o cuerpo astral y refleja el inconsciente colectivo, las almas grupales y las oleadas de sentimientos y emociones que atraviesan los cuatro puntos cardinales y las seis dimensiones espacio-temporales.

Las prácticas del Camino del Desarrollo dan contenido y sustancia al cuerpo causal que es lo único que subsiste tras la muerte. El proceso por el cual esto sucede es llamado por Gurdjieff la creación del alma.

El llamado de sí es el auto-recuerdo o autoconciencia, la conciencia de uno mismo.

Cristificación es el proceso de construcción completa del alma. El discernimiento entre lo verdadero y lo falso, entre una entidad del Bien y otra que no lo es, se produce por medio de un proceso interno.

CAPITULO 3

"El esperpento del viento es lo contrario al amor real"- El Rayo, el Carácter y el Temperamento.- Luego, el Yo.

A medida que nuestro conocimiento acerca de la Doctología crece, no podemos dejar de impresionarnos por la riqueza de la individualidad entre la raza humana, la casi infinita variedad de seres humanos y la complejidad de sus naturalezas.
La humanidad incluye al valiente explorador y a la gentil monja, al soldado y al ermitaño, al monje y al recluso, al político, al hombre de negocios, a la mujer mundana, al científico y al académico. Todos estos y muchos otros tipos diversos van a formar parte de la humanidad.
Existe un patrón por medio del cual la naturaleza humana puede ser entendida en su infinita variedad y la vasta potencialidad del hombre puede ser comprendida y reducida a un orden. Este patrón por medio del cual la naturaleza humana puede ser comprendida, es numérico, siendo el número siete el que lo gobierna.
Hay siete principales tipos humanos, cada uno con sus atributos sobresalientes y sus cualidades. Todas las cualidades y los poderes están dentro de cada ser humano pero en cada uno de estos siete tipos principales hay una tendencia predominante. El conocimiento de los siete tipos principales y sus atributos correspondientes da una clave para entender la naturaleza humana. Del mismo modo que hay una progresión numérica en la formación del cosmos, igualmente, la importancia del número en la explicación de los diferentes rayos que rigen los temperamentos humanos.
Numéricamente la fuente activa de toda la vida y toda la forma es representada por el número uno. La fuente pasiva, la existencia negativa, el absoluto, está representado por el cero o nada.
De acuerdo a la teoría de la evolución del Universo, el próximo paso en el proceso creativo es la aparición desde el número uno de sus aspectos intrínsecos positivo y negativo o potencias masculina y femenina. El uno se convierte en dos andrógino. Estos dos entonces interactúan para producir el tercer aspecto del Logos. Estos tres, a su vez, se unen en todas las combinaciones posibles para producir siete grupos de tres. En tres de estos grupos, uno de

los tres predomina. En otros tres grupos, dos predominan y en el séptimo, todos son manifestados igualmente.
Como la consciencia divina es enfocada y activa en cada una de estas emanaciones, ellas son entendidas como seres finitos o personas. De las Tres Personas de la Divina Trinidad, el siete emerge y es conocido en la filosofía cristiana como los Siete Espíritus Poderosos delante del Trono de Dios. En Teosofía se los conoce como los Siete logos planetarios, cada uno de los cuales es un esquema de las siete cadenas planetarias o globos planetarios.
Toda manifestación del poder divino, vida y consciencia, emana de la fuerza del Uno, y pasa por el Tres y el Siete.
En su paso por el Tres y el Siete, las tres emanaciones del Logos son marcadas con su cualidad especial de uno, tres y siete y son sintonizadas a sus frecuencias vibratorias con su color particular. El Universo en sí mismo, está dividido en siete partes y las notas de sus acordes son en número de siete, cada una representando lo supremo y la verdad eterna.
La primera nota es la fuente primordial, el punto, la fuerza positiva del universo. En el logos es la omnipotencia, en el hombre es la voluntad.
La séptima nota es la primera en su última expresión. Es poder en acción, voluntad en movimiento. En el Universo es materia física, en el hombre es el cuerpo físico y representa el ritual o ceremonia.
La segunda y sexta notas representan respectivamente la vida y su expresión. La vida es omnipresente, el principio unificador del Universo, el sol espiritual. Su expresión es el principio vital de la materia, el sol físico.
En el Universo, la segunda nota es la vida, en el hombre es el amor, en el hombre espiritual es sabiduría y amor universal, de donde brotan el servicio desinteresado y la compasión.
La sexta nota en el universo es la forma, la materia organizada. En el logos es el cuerpo del universo, con su corazón de fuego, el sol. En el hombre, es unidad. En el hombre desarrollado es devoción.
La tercera y la quinta notas representan atributos complementarios. La tercera es la interacción entre espíritu y materia, forma y vida. En el universo, la tercera nota es energía creativa dirigida por la mente universal. En el logos es el principio femenino pasivo, la matriz en donde todas las cosas son concebidas y desde donde todo viene. En el hombre la nota tercera es consciencia e idealismo,

moralidad y verdad. En el hombre desarrollado aparece como comprensión e inteligencia abstracta que lleva a la intuición espiritual.

La quinta nota es la expresión del tiempo. En el universo es el proceso evolutivo o crecimiento. En el hombre es el cerebro y la inteligencia analítica. En el hombre desarrollado es iluminación, genio e inspiración.

La cuarta nota es la unidad central, el punto estable de descanso. En el Universo es la belleza de la naturaleza. En el Logos es la belleza del ser, del yo. En el hombre se convierte en amor por lo bello. En el hombre desarrollado es la facultad de percibir y reflejar la belleza de lo supremo.

La meta de nuestra vida debe ser el llegar a contemplar por medio de la práctica del Tantra, del latihan, del Induva y de la meditación cada uno de los Siete Rayos, para lograr identificarnos con la séptima parte del Todo que nos corresponde.

Doctólogo es aquél que por medio de la contemplación conoce y entiende este universo de siete partes. Las siete notas son siete llaves de la vida que abren todas las puertas a la verdad. La verdad que está entronizada dentro del templo secreto de la naturaleza, en el altar que el misterio tiene erigido en el santuario de la Arcaica Enseñanza Iniciática de Ocultura Universalis.

LA PSICOLOGIA HUMANA ORDINARIA Y LA POSIBLE SUPERIOR EVOLUCION PSICOLOGICA

Peter Ouspensky y Maurice Nicoll convergen con Boris Muravieff en que la corriente sanguínea del hombre, como una entidad a lo largo de toda su vida, une cada parte del círculo de la vida. Max Heindel, Rudolph Steiner y Mihail Aivanhov plantean lo mismo de conformidad con el presupuesto teosófico de la señora Blavatsky y sus continuadores, Annie Besant, C.W. Leadbeater y Alice Bailey.

Todos estos coinciden con la ciencia en que la sangre empieza a fluir en el preciso momento en que el huevo es impregnado y se adhiere al útero materno y no cesa de hacerlo hasta que el corazón deja de latir. En cada momento, la composición de la corriente sanguínea dicta el humor, la totalidad de la sangre viva llevando la suma final de influencias que han contribuido al ser, es el hombre. Representa la verdadera naturaleza humana, lo que objetivamente el hombre es, su esencia. La sangre por lo tanto, como cultivo en lo químico y como elemental en lo alquímico, permite la transubstanciación del individuo en un ente que logra su creación del alma inmortal ya que el alma animal deambula en los corpúsculos de la sangre. La sangre será el factor primordial, el foco estabilizador del Mago en su obra evolucionaria de la multiplicidad y supraexpansión de la consciencia.

Nos enseña la Doctología que el gran problema de los hombres es el no conocer esta suma de influencias que lleva la corriente sanguínea. Nadie se conoce objetivamente a sí mismo. Nadie puede analizar la elevada química de su sangre y honestamente evaluarse a sí mismo de acuerdo a ella, sin poseer las elevadas cualidades esotéricas de la A.E.I.O.U.

Desafortunadamente lo que un hombre piensa de sí mismo y de sus posibilidades tiene muy poco que ver con su química-física reales. El hombre común vive soñando con ser lo que no es y con el objeto de dar apoyo a estos sueños tiene que adaptar todo su mundo a una actitud inventada, diferente a aquella que le dicta su sangre, su esencia, lo que verdaderamente es.

La personalidad legítima del hombre es la piel psicológica con la que se cubre para protegerse de la vida y para adaptarse a ella. Incluye todo lo que ha aprendido sobre como orientar su organismo en su ambiente, el modo aprendido de hablar, pensar, caminar, actuar, todos sus hábitos adquiridos y su idiosincrasia.

Si pensamos que el círculo de la vida del hombre es como una esfera, su esencia vendría a ser la naturaleza física del interior de la esfera, su consistencia, densidad, composición química. Su personalidad es algo imaginario, algo que no existe en la esfera. No tiene grosor ni dimensión. Proviene únicamente del exterior. Es como la luz que envuelve a la esfera, sólo un reflejo de su superficie. Logramos una mayor compresión de la naturaleza de la personalidad cuando entendemos que la luz reflejada por la esfera es exactamente la que no absorbe. Se reconoce la personalidad por lo que no recibe, lo que no comprende. Cuando el círculo de la vida que estamos analizando comprende y absorbe algo, entonces penetra dentro de la esfera y pasa a formar parte de su esencia. En este momento ya no es visible al exterior, ya se convierte en parte del ser interno, en esencia.

La anormalidad o locura fundamental del hombre reside en la divergencia entre esencia y personalidad. Mientras más de cerca se conozca un hombre en cuanto a lo que es, más próximo se encuentra a la sabiduría. Cuanto más diverja su imaginación acerca de sí mismo en relación con lo que es en realidad, estará más perturbado.

Existe la posibilidad de curar la divergencia entre esencia y personalidad. El hombre posee la potencialidad de llegar a ser consciente de su propia existencia y de su relación con el universo que le rodea. En el momento en que el hombre es "consciente" conoce lo que es y lo que no es él, es decir, conoce la diferencia entre su personalidad y su esencia, se conoce a sí mismo y a su relación con el mundo.

El "recordarse a sí mismo" capacita al hombre para mudar la piel exterior de la personalidad, para sentir y actuar libremente con su esencia; esto es, le permite ser él mismo. En esta forma se separa el hombre de las pretensiones e imitaciones que lo han esclavizado desde su infancia y retorna a lo que realmente es, retorna a su esencial naturaleza propia. Este retorno a la esencia está ligado con un sentido de libertad y de liberación. Hombre, sé fiel a tí mismo, es el primer y obligatorio mandamiento en el camino de la consciencia y del autodesarrollo.

Una vez que el hombre se encuentra a sí mismo, empieza a crecer interiormente y surge entonces el cultivo deliberado del autoconocimiento y la autoconciencia.

Así como la corriente sanguínea representa la verdadera naturaleza humana o esencia, así los momentos de autoconciencia representan el alma del hombre.

El alma humana es la totalidad de los momentos de autoconciencia en el transcurso de la vida o toda la energía superfina que fluye por su no utilizado sistema nervioso.

Cuando un hombre absorbe realmente algo y lo comprende, ese algo penetra en él y se vuelve parte de él. Percepciones de mundos más altos, de fuerzas superiores, ideales elevados, posibilidades superiores que penetran en el hombre y son dirigidas adecuadamente, tienen la posibilidad de nutrir y empezar a desarrollar la esencia. Así también las finísimas materias que se acumulan en la esencia pueden alimentar el alma embrionaria. Esas mismas percepciones de mundos y posibilidades superiores profundamente absorbidas dentro de la esencia pueden despertar en el hombre un deseo de llegar a ser consciente de su existencia y de su relación con el universo. Si esta clase de alimento se recibe durante suficiente tiempo y con la debida consistencia se puede llegar a la realización de la consciencia. Y la recurrencia de momentos conscientes, a su vez, produce el nacimiento del alma.

CODIGO DE ETICA IDEOLOGICA

Este prolegómeno se resume en los siguientes apotegmas, tan simples y sencillos como profundos y objetivos:

- La educación es la aristocracia del espíritu. Sigue el camino de la autoformación una vez que se ha recibido la enseñanza del Maestro.
- La persona discreta es medida de trato, callada y atenta, no toca lo ajeno, no pregunta sin pensar bien, es serena, no habla de otros.
- Práctica incondicional del altruismo: la no resistencia al mal. No colabores con lo falso ni te hagas cómplice de la vanidad.
- Conócete a tí mismo. Aprende a mirarte con honestidad

El poder plantearse donde se halla cada uno en la escala vital es un excelente ejercicio para saber hasta dónde puede llegar. Un ser elevado no se rige por la mecanicidad. El alma como hemos explicado debe ser creada a partir de la esencia. Cuando esto se logra se avanza por encima del sendero y la consecución del mismo lleva a la exteriorización del Espíritu. Mónada insensiente alquimizada en el Jiva o supraconciencia activada a su plenitud y culminación humana y cósmica.

CAPITULO 4

"Envenenamiento convulsivo bipolar es la prótesis del divisionismo mental" - La Ley de las Octavas y los Ciclos Vitales.

La ley de Octavas está por encima de los Ciclos. Es la ley de la recurrencia. Entramos en una octava descendente cuando nos sentimos deprimidos. Cuando una persona entra en contacto con una energía negativa, eso produce una variación en el biorritmo que le puede generar problemas que no están en su Karma.

Todos los círculos repetitorios son negativos. Los ciclos positivos son únicos e irrepetibles. Hay que aprender a aprovechar la oportunidad cuando se aparece. Las oportunidades son manifestaciones o epifanías, según expresaba James Joyce en sus obras "Ulises" y "Retrato de un artista adolescente". Esto constituye una octava emocional trascendente. Una epifanía es una manifestación pero también es un momento glorioso en que alcanzamos algo irrepetible en el camino de nuestra realización.

En cuanto a las octavas laterales, tomamos estas sentencias y las hilvanamos para construir un puente o "antakarana" entre el yo visible y el yo invisible en nosotros mismos.

San Ambrosio decía "llega a ser lo que eres".

La sombra en el ser humano es el subconsciente.

Una catarsis es una kenosis o limpieza controlada del subconsciente.

Moka significa trascendencia total o liberación absoluta.

"Mentir en la desobediencia es faltar a la verdad", al decir de Gurdjieff. El hablaba del hombre astuto. Voluntad, determinación y persistencia son lo que define al hombre autodeterminado.

Hay que ser mansos como palomas y astutos como serpientes, como expresa la cita evangélica. Este es el verdadero significado de la apertura interior.

En el inconsciente colectivo de la Humanidad: la chapucería es la imperfección en la acción.

El Augoides o Maestro ideal me hizo percibir una cercana realidad inimaginable para el vulgo. No es Malta ni es Creta, fue Cuba y allí encontré el túnel de Asgard, que una de cuyas desembocaduras se halla en Odessa, Florida.

¿Cómo diferenciar un disparate de una realidad superior? Se hace a través de una rápida respuesta psíquica. Para eso existe la tecnología esotérica de la Doctología.
El sueño como mapa del subconsciente. En todo sueño hay siete significados y el séptimo es la clave.

TIEMPO Y ESPACIO

Los ciegos de nacimiento tienen dificultad para entender el concepto de espacio. El espacio sólo puede percibirse en su totalidad si se posee la percepción visual. Siendo la primera entidad existencial, el espacio es la base de la consecución de los procesos que llevarán en los diferentes cosmos y mundos a la naturaleza y la vida. El espacio es un "ser material" y en correspondencia analógica, el tiempo vendría a derivar en un "ser inmaterial".
Cuando somos conscientes del tiempo vivo, creamos el alma. En otro nivel de existencia la contaminación sería de carácter positivo, en vez de ser como en nuestro planeta, donde una manzana podrida contamina a las sanas.
El tiempo no es lineal, es el tiempo vivo, el tiempo interior. Tiene seis dimensiones. El tiempo vivo en nosotros es la cantidad de ser, un número determinado expresado a través de nuestras posibilidades latentes. El ser humano común y corriente es un animal cibernético por estar programado a nivel celular.
Polaris es el nombre de una ciudad de castillos de cristal, que se encuentra sumergida en el Atlántico, como remanente de la civilización atlante, cuya capital era Porsópolis. Los Dyan Chohan de Polaris. Es lugar transubstanciado en el tiempo-real-subconsciente.
El tiempo del subconsciente es lo que se tarda en asimilar las energías instintivas. Mantiene una gran relación con las bajas pasiones.
Los mundos físicos son distantes; los mundos sutiles son contiguos. Entre unos y otros se halla el umbral del inconsciente colectivo planetario.
Otra porción funciona en los cubos de iluminación cuyo nombre es karatwas. El lado claro del Plano Astral, o sea, el mundo subconsciente.

El polvo de aerolitos no es sino resultado de la desintegración de planetas que están formando un puente hacia la desintegración del Sistema Solar. Siracusa en su obra hablaba del oscurecimiento global del planeta que se está incrementando y posiblemente contribuirá a la creación de nuevas áreas desérticas en nuestro planeta.

En las cuevas Paleolíticas y Neolíticas en muchos lugares, hay pinturas rupestres con figuras que pueden fácilmente asociarse con extraterrestres, con símbolos y escafandras. Esto sirve como indicio de que en el pasado los extraterrestres ya han estado entre nosotros. Lo están y lo seguirán estando. También la referencia bíblica al profeta Elías que no murió sino que fue llevado al cielo en un carro de fuego. Ese carro de fuego pudiera muy bien ser la manera sencilla e ingenua en que hombres de miles de años atrás pudieran haber descrito una nave interplanetaria.

Razas híbridas de extraterrestres llegaron a la Tierra procedentes de Sirio, Arturo y Alfa del Centauro. Otros vinieron de Marte y Venus. Algunos cometas y meteoritos son naves de naturaleza encubierta, en cuyo seno viajan seres extraterrestres. También utilizan naves de naturaleza astral, constituidas de antimateria, que viajan a velocidades muy por encima de nuestra percepción extrasensorial.

Las obras del escritor Eric Von Daniken refieren la existencia de túneles que van desde el Ecuador por toda la América Latina y que parecen haber sido creados con una tecnología de taladros térmicos, siendo de gran antigüedad, de forma tal que no podría lógicamente asociarse con el desarrollo técnico de la humanidad de su tiempo.

Diferencias entre tiempo, intensidad y duración. Si se es feliz o se está pasando un rato agradable, decimos que el tiempo pasa rápidamente. Así lo percibimos. Sin embargo, en momentos de intenso dolor, pena o simple aburrimiento, el tiempo parece alargarse. Podríamos enunciar una fórmula para definir este fenómeno: el tiempo es igual a la duración propia, dividida por la intensidad o percepción de las cosas. El tiempo, por consiguiente, es relativo y está condicionado a la percepción.

Vivimos en un nivel de densidad máxima dentro del Sistema Solar. Dos leyes pueden enunciarse en consecuencia: 1) sólo el cambio es permanente y 2) nada se mueve "per se".

Dentro de los límites físicos, el primero es trascender el tiempo. La mayoría de los seres humanos están congelados en el tiempo, es decir, no han evolucionado proporcionalmente a su edad cronológica. Están detenidos en la edad de su madurez emocional.
En Ocultura la mayor parte de reorganización y trascendencia del Yo esencial es rememoración o recuerdo del pasado. Todas las dimensiones del tiempo se hallan contenidas en el presente, porque la conciencia es quántica. El trabajo en la cuarta dimensión se realiza en el sueño. En la cuarta dimensión el tiempo no existe. La glándula pituitaria percibe al nivel de la cuarta dimensión. De ese modo, la percepción no es temporal sino que se traduce en movimiento a través del tiempo.
Hay dos leyes que mencionar al respecto:

1) De la nada, nada sale
2) Ley de deslizamiento

LEYES INTEGRATIVAS

En el planeta Tierra hay noventa y seis leyes que obran sobre los seres humanos ordinarios, o sea, los comunes y corrientes. Mientras que cuarenta y ocho leyes regirán el decursar de la vida de los que buscan la Verdad y la han encontrado. Ocultura Universalis: veinticuatro leyes controlaran el destino de los iniciados en las escuelas de Existencialismo Esotérico y han hecho que sus chakras comiencen a girar hacia la izquierda.
Doce leyes actúan sobre el que ha logrado el objetivo de la Maestría a nivel planetario, es decir, los doctólogos graduados y sus equivalentes analógicos. La culminación de la escala de la existencia es la liberación en tiempo y espacio del karma de la ultérrima ley que ata y vincula a los seres humanos al nivel solar del sistema en que vivimos, nos movemos y tenemos nuestro ser.
La ley decimotercera se refiere al desarrollo de la última espirilla.
Ley cuadragésimo novena es la ley de permeabilidad de la luminosidad por medio de la viscosidad de la materia.
Ley decimoséptima es la ley de mantenimiento recíproco.
Toda Ley es una constante.
Leyes cósmicas fundamentales:

A) Ley de la existencia o ley de manifestación. El Pralaya es lo no manifiesto y el manvántara es el periodo de duración de lo manifestado.
B) Ley de movimiento, que produce el calor. Esto ocurre al principio del Universo. El Akasha es el éter del espacio, cuya materia es similar al negativo de una fotografía y su efecto es el mismo. En los registros del plano akhásico se puede ver la evolución del Universo. Los Archivos o registros akhásicos existen en cada diferente plano del Universo e incluso en el plano donde reside la Mónada.
C) Ley de los Ciclos. Todo en el Universo es cíclico. La evolución de la Esencia se plantea en la fórmula de la Doctología, y se mide por "horas-trabajo-conciencia".
D) Ley de Despertamiento o encumbramiento de la Conciencia.
E) Ley de Iluminación. Todo lo que existe en el Universo está llamado a encontrarse con la fuente del conocimiento: Gnosis, Iluminación Cósmica.
F) Ley de la Evolución
G) Ley del Karma
H) Ley de Reencarnación
La doctrina básica de la Doctología es lo oculto y secreto porque las técnicas que se aprenden en Ocultura producen el desarrollo de poderes. Si la persona no está purificada no debe dársele la enseñanza que implicaría peligrosos resultados ya que pudiera tratar de hacer un uso indebido de los poderes adquiridos.
Lo que no sube, baja. Esto expresado en palabras sencillas es la Ley de caída. Lo que no progresa, se estanca, se pudre por contaminación porque "para bajar, todos los santos ayudan".
Una ley cósmica se podría expresar así: lo que se siembra, retorna. Sembrar misericordia hace que la vida retome una forma de pago y revierta en bondad y generosidad sin límites, desbordadas.
Ley de concurrencia: lo que el destino nos pone delante.
Ley de recurrencia: lo que recurre, o sea, el retorno. Esta ley lleva a la liberación.
Cuando se ama, se es capaz de trascender barreras. No basta con que el destino esté a nuestro favor. Ouspensky explicaba como el destino manifiesto existe desde antes, pero una entrada de la Octava Superior puede variarlo.

Las Leyes Herméticas, contenidas en la Tabla de la Esmeralda son fundamentales. Son inicialmente los Siete Principios Herméticos, pero existen trece leyes, más las leyes universales que funcionan junto con la Ley de Evolución: la ley del Karma y Dharma, y la ley de Reencarnación.

Los grandes problemas vitales del ser humano se deben a su percepción.

Ley del movimiento es una constante universal. Todas las cosas no pueden permanecer estáticas. Cuando el espacio se genera a sí mismo, produce el tiempo. El espacio es el cuadrado a la inversa del vacío. En esta paradoja axiomática tenemos la clave maestra de la Física etérica.

Espacio vacío en el corazón de una persona significa que no está completa. El Libro de las Estancias del Dzyan dice que el espacio es hijo de la necesidad, el tiempo también y la vida es esclava de la necesidad.

ASTROLOGIA Y BIORRITMO EN LA DOCTOLOGIA

Cuando los signos del Zodiaco se sitúen en la misma posición en que se hallaban en el instante del nacimiento de un individuo, marcarán el momento de la muerte física.

Concepción y muerte vuelven al mismo punto cuando los planetas se alinean en la misma posición y llega el instante de la muerte física.

Los diferentes días de la semana pueden resultar más o menos apropiados para hacerse preguntas y dejar que la intuición superior las responda: todo lo relacionado con uno mismo es conveniente plantearlo en los días de Saturno y el Sol, es decir, sábado y domingo; los problemas de amor y familia se resuelven mejor el día de Venus; para la magia, Júpiter y también Marte, en cuanto al futuro, es preferible el planeta Mercurio.

La desencarnación se produce cuando se invierten todas las posiciones de los signos zodiacales, respecto a su carta natal, o sea, de la fecha y momento de su nacimiento.

Multiplicar 365 días que tiene un año por 24 horas. El resultado nos da el número de horas que tiene el año. Multiplicamos ahora esa cifra por el número de años que la persona ha vivido y obtenemos las horas vividas en el número de años vividos. Esto es el punto de partida para el cálculo del biorritmo físico, emocional y mental.

El doctor Heindrick Arnold Krümm-Heller fue el primero en hablar de los ciclos biorrítmicos. El Tatwámetro y Los Biorritmos son dos obras que favorecen el conocimiento y lo amplían acerca de los biorritmos. La inestabilidad emocional es el resultado de ciertas fases de los ciclos. La cantidad de horas que se ha vivido indica el biorritmo solar, la coordenada solar. Esto se combina con la numerología del nombre. Los planetas más negativos astrológicamente son Saturno, Marte y la Luna. Las efemérides pueden ser usadas para vencer los planetas, sus influencias sobre nosotros y nuestra existencia.

Como nuestro espíritu se compone de partículas de libertad, la energía que generamos actúa sobre los chakras y eso cambia los biorritmos terrestres o planetarios en solares. Entonces cuando el biorritmo funciona en forma geométrica y cuando se halla a nivel cósmico, entonces se vuelve galáctico. Lo último a que se puede llegar es el biorritmo supracósmico.

El cálculo del biorritmo unido al tatmatra que es la medida de Aquello, indica la fecha aproximada en que la persona va a fallecer. El período de Saturno en la vida de cada individuo es el que antecede a la muerte. Ese período se determina conociendo también la posición de los astros en el momento en que la persona nació. Cuando los astros vuelvan a esa misma posición, se producirá la desencarnación.

La influencia marciana produce ira y agresividad. Saturno, sin embargo, genera estados taciturnos y depresivos. La Luna por su parte, contribuye también al abatimiento y las bajas pasiones.

El tarot da una pauta psicológica para comprender las situaciones personales.

La única mancia exacta es pues la Astrología, no las restantes. La Astrología es ciencia y mancia, por ello requiere de saber y conocimiento. Para precisar con exactitud se requiere el día y la hora exacta de nacimiento, esto es, minutos y segundos, más la latitud y longitud del lugar de nacimiento. La Astrología se nutre también de influencias que van más allá del Sistema Solar, es entonces Astrología solar. Esto indica las vidas anteriores.

La Luz estelar que vemos brillar en el cielo nocturno pudiera ser la de una estrella que ya explotó y se extinguió hace millones de años.
Establezcamos donde se hallan las influencias de Marte y Saturno en cada uno de nosotros y sabremos en qué etapa de la Escala de la Vida nos encontramos, cuanto nos falta por lograr y que tiempo tenemos para recorrer el camino de la vida.
Los planetas se clasifican de acuerdo a su proximidad al Sol, siendo Urano, Neptuno y Plutón los planetas usualmente considerados retrógrados o involucionantes. La Luna en Astrología está considerada también como planeta y su influencia tiene carácter sentimental, melancólico e involucionante.
Por eso, cuando los chakras giran a la izquierda el biorritmo de la persona no es ya terrestre, sino solar. Esto se alcanza únicamente por Ocultura y la aplicación del Cetro del Poder a través del Hierofante. Entonces las influencias planetarias involucionarias son contrarrestadas.
Finalmente debo agregar que se puede realizar la kenosis de los planetas con el uso de piedras de cuarzo del Cetro del poder durante el ritual del Mistericón en el Octavo Sacramento.

CAPITULO 5

"La autonomía de la verdad es axiomática y analógica". La visión oculta del Universo manifestado y de la Historia.- La Evolución en el Cosmos y el Logos que impera en el Caos.

Tal y como hemos consignado en el Primer Tratado de Doctología, el Logos actuó sobre la primera materia produciéndose como primera manifestación el calor. Esto es la consecuencia del primer aspecto de la evolución. Su expansión da lugar al movimiento que es ondulatorio. El cosmos es el Universo organizado. El Absoluto (Dios) tiene tres aspectos: crea, vitaliza y da conciencia. La actuación de los tres aspectos de Dios sobre la materia produce a través de la Voluntad, la organización; por medio de la Inteligencia, la vida, y por último, su Autoconciencia genera la conciencia.

Nuestro planeta, la Tierra, también llamado Urantia o Gaia, es de polaridad femenina.

La Lemuria (Océano Pacífico) y la Atlántida (Océano Atlántico) fueron los orígenes procedentes de la Historia humana no conocida, de los Principios o Leyes Herméticas.

Elohines son las energías creadoras. El Elohín Arthur trabaja con el Sistema Solar Ors, el nuestro.

El ecuador del universo es el cinturón de Orión.

Todo en el universo evoluciona por escalas: se define como el Tiempo Vivo. La Sabiduría es el conocimiento asimilado de la verdad. El conocimiento es enseñanza retenida. La sabiduría tiene que educirse. Hay que traer las ansias de llenar un vacío.

Aixetmou es el nombre de la entidad que hizo descender las mónadas bisexuadas desde el continente hiperbórico las cuales habían arribado desde la Estrella Alpha Centauro, por desarrollar en una zona próxima a Hawaii que era la Lemuria y dio lugar a la raza asiática. Los negros de África fueron la tercera raza raíz que se disputaba el control de la Tierra y procedían de un planeta extinguido en asteroides. En el proceso de millones de años de vida terrestre se mezclaron todas las razas, las mónadas procedentes de las estrellas, nuestro sistema solar y la Luna.

Bajo la Tierra hay otras humanidades que conviven con el hombre. Casi todas las tradiciones antiguas muestran como el planeta Tierra cambio de posición y fue llevado a un área diferente del universo.
Aixetmou es una entidad que trabaja para el desenvolvimiento de la galaxia. Errores cometidos lo llevaron al destierro a un área del universo de muy baja energía, donde lo malo y lo negativo proliferan. Arrastró a la Tierra en su caída desde la región decimotercera de la octava vital de este sistema planetario.
La experiencia en el mundo físico del plano Addhico o plano de Dios, es el estado llamado de nirvanakaya. Es accesible y asequible a quienes practican alguna liberación, la liberación de los condicionamientos de la personalidad, renunciación al placer y al dolor, entrega sin espera de recompensa y el éxtasis mental, emocional y espiritual que comienza con el Arcano o tantra y concluye en el Samadhi.
Por el Tatwámetro llegamos al conocimiento de cuando y donde los planos del universo tienen días y horas en que están más próximos. Esto se combina con el biorritmo de cada uno y así se averigua el mejor momento biorrítmico para las consecuencias más importantes de nuestra vida.
En un grupo de seres, los rayos se manifiestan y el ser humano que entra en un estado de histeria colectiva por la influencia de las leyes sociológicas que explican este fenómeno de rebelión de masas y psicología de multitudes, pierde su individualidad. El ser humano elevado debe agruparse con seres elevados para no absorber el mal de los inferiores. En Brasil encarnará lo mejor de la raza de los hombres para la transformación positiva del planeta, y eso sucederá cuando llegue el período de la Séptima Raza raíz.
La Galaxia perdida es parte del desmembramiento del sistema solar. Una parte del Sistema Solar se desplaza hacia la Galaxia perdida.
La mayoría de los seres humanos ordinarios no tienen idea de cual es el tiempo vivo o de su proximidad a una dimensión más allá de lo temporal. Hay seres humanos que saben por la Iniciación en Ocultura quienes son. Otros, la mayoría, no lo saben. Hay quien sabe que busca y los más, no saben lo que buscan. Una y otra vez encarnan y desencarnan en un círculo vicioso de recurrencia al placer y al dolor. Aunque vivimos en seis dimensiones

simultáneamente, tres son las convencionales. Las tres restantes son derivadas del tiempo.

Mucho de lo que logré desde el plano invisible fue producido por entidades angélicas y presencias espirituales. La Sublime Presencia Luminosa se presentó ante el autor en dos de sus viajes al Japón y allí le mostró la panorámica akáshica del futuro de la Tierra y el sistema solar. En el pasado Japón fue parte del continente de Mu y a partir del Tercer Milenio va a comenzar su desintegración. Allí pude contemplar el ocaso de Oceanía y el desplazamiento gradual de polos magnéticos que afectará a los continentes y ocurrirá a partir del comienzo del Tercer Milenio.

Esta entidad luminosa también me informó que el planeta Júpiter en un larguísimo plazo se convertirá en un nuevo sol. La Tierra tiene un paralelismo con el cuerpo de la mujer. Los volcanes o vía por la cual se libera tremenda cantidad de potencia telúrica, son el equivalente a la menstruación femenina. La Era de Acuario es fundamentalmente femenina en polaridad, lo cual va a hacer que se incremente la actividad de las mujeres en la Nueva Era.

La Luminosa Presencia también manifestó que si uno se limita, va a ser limitado; si se libera, va a ser liberado. Cuando recibimos influencias externas, éstas emiten vibraciones que son percibidas por los sentidos del mundo físico. En los próximos siglos, durante el próximo milenio, este sistema de desarrollo del ser humano se aplicará universalmente.

El Espíritu o Mónada es en nosotros el "ente" que reencarna en cada vida con un cuerpo físico diferente aunque el alma entra en la criatura con el nephesh, el primer aliento, o lo que equivale a decir que en el momento del nacimiento es cuando se concreta la interpretación de la Triada formada por Espíritu, Alma y Cuerpo. Siendo el alma el elemento que interconecta el ser espiritual en el mundo material. Pero existe un número fijo de mónadas. Hubo tres grandes migraciones: la raza hiperbórea en el Polo Norte; los lemures en el Océano Pacífico, en la Lemuria y los atlantes, en el Océano Atlántico, en el continente de la Atlántida. Pero en cada período mundial, raza y subraza encarnan las almas de las mónadas o espíritus que son enviadas por los Arcontes, los Lipicas o Señores del Destino a la existencia en el mundo físico, en el plano de la Historia que les concierne vivir.

La sexta raza raíz está dirigida como todas las razas raíces en el globo terráqueo por el Señor de la Historia, el Señor de la Civilización y el Señor de la Sociedad.
Los Mahatmas a cargo de los Rayos indican cómo el Número Siete emerge de la trinidad y se refleja en los Siete Logos planetarios. De ellos emanan las mónadas o espíritus.
Las enseñanzas esotéricas tradicionales explican que una mónada es una unidad elemental de conciencia. La vida es lo que mueve los átomos dentro de la forma. En la medida en que el ser humano no domina sus instintos es esclavo porque no ha desarrollado el alma. La felicidad sólo se alcanza al final de la existencia cuando se reúne una serie de momentos en la vida que tuvieron valor. El propósito de la vida es obtener experiencias para alcanzar la liberación de la Rueda de Reencarnaciones. La humanidad entera a plenitud se liberará en la Séptima subraza de la Séptima raza de la Séptima Ronda, es decir, de ahora a un millón de años.

COMENTARIO A UNA NUEVA VISION DE LA HISTORIA

El comienzo del tercer milenio de la Era Cristiana implica el fin del medioevo mental en que la humanidad ha estado viviendo hasta ahora.
Lo importante es saber que se quiere. En un Camino de Desarrollo hay que ser sincero, auténtico. Llega a ser lo que eres para crear el alma inmortal rompiendo la mecanicidad.
Los Maestros no producen la liberación. Esta debe alcanzarse por uno mismo. El uso de mantrams no libera "per se".
Provocar la transparencia de la luminosidad interior es la aplicación práctica en la vida de la frase de origen cristiano gnóstico: "Brilla en el sitio donde estés".
En la Doctología se fomenta la indañabilidad. No dañar ni dejarse hacer daño. No hacer resistencia al mal, ni tampoco absorberlo. Hay que ponerse un impermeable mental, aunque permaneciendo permeable a la luz.
En el aura del ser humano corriente no existen círculos concéntricos. Una escuela esotérica del Quinto Camino ayuda a incrementar el Yo por el aumento de los círculos concéntricos en los cuerpos físico, etérico, astral, mental y causal. De manera que el aura siendo un cosmos en miniatura, un microcosmos dentro del

macrocosmos. Proporciona coordenadas que nutren la vida dentro del ser del homo sapiens.
La acumulación de los skandas se manifiesta a través del carácter. La inmortalidad comienza cuando se integran todos los aspectos de la psiquis. San Pablo dice: "pecar es fallar el blanco" por lo que evitar los fallos, pecados y errores implicará liberar el karma personal ascendiendo en el plano monádico.
En el plano akhásico se ve en el futuro en forma de noumen o causas geométricamente ya que es el mundo monádico de las causaciones primigenias.
Hay que buscar el contacto directo con la vida divina. Es preciso también meditar bajo la guía del Maestro. La luz divina existe en todo y sólo la Iniciación permite verla. El libre albedrío es una cualidad o facultad del alma, de la individualidad, o sea, la esencia. Dado que el noventa y nueve por ciento de las personas no ejercen la voluntad consciente, sino que son mecánicas, el libre albedrío no se ejerce en la práctica entre los humanos vulgares y sin capacidad analítica y sensibilidad espiritual.
En el Camino del Desarrollo no hay problema con el hecho de sentirse atraído hacia el disfrute en general de los aspectos de la vida. Pero si hay que elegir entre algo material y algo espiritual, entonces sí se puede convertir en un obstáculo el dejarse llevar por un deseo de consumo material. En la mayoría de los casos esta prueba llega a resultar indispensable para lograr que se confieren grados en la escala del Poder.
Muchas personas están desintegradas porque viven dispersas. No han unificado su mente, movimientos y restantes aspectos de su ser. Crear el puente de luz, o sea, el Antakarana es la vía. Este nunca se destruye y aunque en una vida no se alcance la liberación, al menos se habrá creado el canal hacia el Alma. En la celebración de la Santa Misa Gnóstica se produce un descenso de estas energías que permiten la construcción del canal. Por medio de los ejercicios y las danzas sagradas se construye el puente. Pero será estrecho y vacío pues el karma impide que éste se ensanche. De ahí la necesidad de hacer karmarless, lo que equivale a transmutar el destino y aplicar los esfuerzos, sacrificios y realizaciones a la Gran Obra a la que dedicamos los resultados obtenidos de manera altruista e impersonal. La energía obtenida por medio de la

meditación, la Misa Gnóstica y la oración, llena el puente o Antakarana.

Las Iglesias Gnósticas de tradiciones católicas y ortodoxas se basan principalmente en el Evangelio de Tomás, que llegó según relata la tradición hasta la India. A Tomás se le llamaba el Dídimo, o sea, el gemelo de Jesús. Para el Obispo Gnóstico Amberlain, él era realmente el hermano gemelo de Jesús. Tomás afirmaba en su Evangelio que la mujer se desarrolla más a través del hombre y en eso coincide con Gurdjieff.

Hay tres círculos concéntricos de la humanidad: exotérico, mesotérico y esotérico. Este último lo constituyen los Maestros o Seres Ascendidos a un nivel superior de conciencia y de ser.

Respecto a la búsqueda del Poder dentro de las Escuelas Esotéricas, el Maestro purifica al estudiante eliminando los lazos kármicos. Para este propósito el Gurú o Acharia, según el caso enseña al discípulo el uso de adyasa y vairagya, dos palabras de origen sánscrito que significan respectivamente práctica constante y desapasionamiento. Esto constituye la vía hacia la liberación. Se requiere efectuar pequeñas liberaciones diarias. Transmutar la ansiedad, la ira y la impaciencia en energía superior, de ese modo, la energía se redirige hacia otro propósito.

El sacrificio genera una energía superior, libera karma y permite abrirse a lo más elevado.

La comunicación con el Maestro personal puede tener lugar por medio de la inspiración, la telepatía, la clarividencia o bien durante el sueño. Los Maestros de Sabiduría recomiendan el buen humor. El sentir el contacto directo con la vida lleva a la integración total de los aspectos. Hay que aprender a enfocar, a dirigir la corriente interna.

Los Maestros de Sabiduría viven en Ashrams, ermitas, abadías y monasterios. No están solos sino que hay siempre personas que los ayudan a su alrededor.

Hay peligro en el exceso de conocimiento que se traduce en poder cuando el discípulo no está preparado. También se debe tener cuidado con la superstición como perversión de la religión. La única forma de vencer el karma es cambiarse uno a sí mismo. El Quinto Camino exige un esfuerzo fiero, esto lleva a la plenitud de la realización interna y personal.

Existe una gran diferencia entre conocimiento e información. Conocimiento es información con comprensión. La Gnosis antigua es la Doctología del futuro contemporáneo.
Sabiduría es conocimiento incorporado al ser interno. Lo que abre una puerta puede hacer imposible abrir la siguiente. Una vez que se está en el sendero, debe abandonarse el sistema para internalizar el cambio de conciencia, de ese modo se evita el dogmatismo, la mecanicidad y la petrificación de la esencia.
Aquí viene a colación la anécdota de la vida de Paramahansa Yogananda y su Maestro Sri Yukteswarji, sobre como un discípulo se entristeció al saber que en tres vidas más alcanzaría la liberación pero no en la presente. Sin embargo otro discípulo simplemente se alegró en modo extraordinario al saber que un día la alcanzaría aunque no supiera cuando. Este último discípulo la logró instantáneamente. Fue una iluminación inmediata.
Se usan los símbolos para no crear karma innecesario y romper la Ley de Accidente. Debe mantenerse un equilibrio entre ayudar a otros y ayudarse a uno mismo. No tomar para sí parte del Dharma o deber y el karma o destino de los demás, sean o no familia de uno. Existe un karma para el Camino del Desarrollo porque el Maestro regula y adapta el karma para que una persona supere aquello que de otro modo la acompañaría como un lastre durante muchas vidas.
Hay que alcanzar el sentido real del Dharma y el karma para avanzar en el Camino del Desarrollo Espiritual y desarrollar los poderes extrasensoriales.
El Señor de la Historia enseña las siguientes verdades:
1) Todo es eterno
2) Hay otros planos más allá
3) El Maestro es la vía para llegar a Dios
El sentido fundamental de la ideología designada por el autor como Doctología es el logro de la felicidad plena, consciente y simultánea en todos los planos de la existencia y del ser, que en sánscrito se denomina ananda.
La figura central en nuestro planeta es el ser que rige a escala planetaria la evolución humana. A nivel local hay también otras figuras. Son aquellos en quienes se manifiesta la energía en un momento dado.

SEGUNDA PARTE

El Teorema del Sistema de la Doctología
El Principio del Delfin

GNOSIS DEL TERCER MILENIO

CAPITULO 6

"Lo irreal y lo ilusorio se añaden a lo pasajero del sentimiento fugaz

MANIFIESTO DE LA DOCTOLOGIA

En el Nombre de la Tri-Santa Sophia, del Cristo Sóter y del Paráclito. Amén.

Mirando hacia el futuro con la experiencia actual y el acervo cultural de la Historia, he compilado un sistema gnóstico de interpretación interdisciplinaria en todas las modalidades del pensamiento y la sensibilidad del ser humano. A este particular modo y manera de interpretar el mundo y el cosmos integrándolos dentro de la experiencia de universalidad de los grandes seres que han fecundado la sustancia espiritual de nuestro planeta, he dado el nombre y definición de DOCTOLOGÍA, ya que se trata del summum canon del pensamiento y la ideología que convierten a quien lo realiza en un DOCTOLOGO, o sea, un "sabio-conocedor-de-lo-que-se trate-o-de-lo-que-se-estudie".

La Doctología es pues la ciencia de cómo opera el método científico cuyo sistema procede de esa formulación ideológica que conjuga y compatibiliza el Existencialismo Esotérico; la forma de explicar la conducta humana y la contemplación del universo a partir del método elucubrado por Sören Kierkegard, desarrollado por Martin Heidegger y expuesto por Albert Camus y otros tantos existencialistas modernos, y que se vincula sistemáticamente con el presupuesto de las corrientes históricas del esoterismo, partiendo de Hermes Trimegistus, Pitágoras, Orígenes, Jacobo Boheme, Eliphas Levi, Blavatsky, Gurdjieff y los ocultistas de todos los tiempos.

La Doctología sintetiza y sincretiza el método científico contemporáneo con las arcanas enseñanzas de los iniciados en las escuelas de misterios, órdenes fraternales y sociedades secretas, permitiendo una entelequia que abre las infinitas posibilidades de la supraconciencia en el campo de la experimentación metafísica, parapsicológica y taumatúrgica. Los postulados de la Doctología se sustentan en el Paradigma Paradójico.

a) El ternario analógico: la primera ley de correspondencia y mentalismo. La segunda ley de causa y efecto, destino y temporalidad y la tercera ley de polaridad-ritmo y vibración y género.
b) El cuaternario sincrético: tesis-antítesis-síntesis. El retrorresultante: Penetrabilidad, Consubstancialidad, Paralelismo y Ubicuidad.
c) Los grados conceptuales del desarrollo acelerado:
1. Exotérico – profanidad
2. Mesotérico – discipulado
3. Esotérico – Iniciación

Se proyectan hacia una fase superior en los niveles de Ilustración, Enciclopedismo y Academicismo.

d) Meta-Política, Antropotheoresis, Consegridad y Tecnocratia. Biótica Cibernética y Tanatosofía.

La formulación de la Doctología permite incorporar sus técnicas de visualización, conceptuación, interpretación y transmutación a todos los órdenes de la vida, sociales, económicos, de salubridad, religiosos, científicos, educacionales, culturales, jurídicos y documentales en general y, de este modo, se acelera y enfatiza el proceso asimilativo y comprehensivo de la mente, la inteligencia y la intuición.

La Doctología como puente-ideológico del ente humano y la vida sensiente se plantea en el contexto de la Arcaica Enseñanza Iniciativa de Ocultura Universalis.

Este inusitado método sistemático del desarrollo acelerado de las capacidades humanas ha sido formulado por el Autor quien ha vertebrado y sintetizado sus descubrimientos y experiencias suprasensibles y cosmológicas.

La Doctología, Gnosis del Tercer Milenio, síntesis ideológica de la Era de Acuario, batiburrillo o mezcla inconexa para los incapaces coprófagos, variopinto para los audaces buscadores, Cosmovisión para los inefables iluminados.

La Doctología es el proceso cósmico-hominal de divinización del individuo, por la cristalización y cristificación de los elementos componentes del ser.

La meta inmediata del "Teorema del Sistema" es la "creación compacta" del liderazgo del planeta en el tercer milenio. Las leyes interactivas de la cosmogénesis y de la homonomía.

Ante el fracaso estrepitoso de la religión convencional se impone la nueva fórmula que reencuentra, reanima y redefine el Arcano de la Religión de la Gnosis, del fenómeno universal de la necesidad de la supervivencia y el desempeño de la potencialidad de la inmortalidad latente que se actualiza por el procesamiento supraconsciente de Ocultura.

El primero y el ultérrimo segmento de la Doctología es clasificado como Tanatosofía, o sea, el contacto con las inteligencias y energías del Más Allá, con seres incorpóreos y desencarnados y con los Maestros espirituales que se encuentran en el Plano Astral. Este es el máximo desafío a la inercia mental, a la vaguedad intelectual y a la falsa religiosidad. Es un reto que busca la solución de la más intensa y emocional problemática y frustración del género humano: la muerte. La Doctología considera que el noumen y fenómeno de los síntomas y síndromes alucinógenos de la muerte se pueden explorar utilizando los postulados orgánicos contentivos en el Teorema del Sistema y que explican y muestran las vías por las que la interacción metafísica, parapsicológica y ontológica permiten la comunicación, el contacto, la exploración y la experimentación en el mundo del Más Allá.

En otro aspecto, la creación de las ultra habilidades se logra por la combinación de elementales de los planos astral y mental y los componentes hidrogenados del plano físico. Esto da lugar a la objetivación de las energías arcaicas que se acumulan en el desarrollo evolutivo y que comúnmente no se agotan ni utilizan acertadamente, sino que se "dejan ahí", sin utilidad ni perspectiva. La biótica cibernética hace modificar la programación celular ordinaria del átomo ulterior físico y sus subproductos y por la programación autocontrolada y espontánea permite la educción y la construcción de los factores engramáticos espirales en contraste con las fuerzas telúricas involutivas y contaminantes que pululan por cualquier ambiente ordinario y vulgar.

Por ósmosis, estas energías contrastantes inmediatamente reaccionan a través de los impulsos bióticos creados por la programación ontológica eliminando de este modo los reductos y animalacres que se plasman en aberraciones, fobias y tendencias bajas y mediocres, coadyuvando a alcanzar una octava superior.

La Doctología emplea el antiquísimo método de "hacer cámara", o sea, meditación en zen, sufismo, tantra, yoga y latihan, con el contemporáneo biofeedback o retroalimentación para alterar el biorritmo del nivel planetario orgánico común a un ritmo vital solar y cósmico que cambia no sólo la cuarta dimensión del tiempo-cósmico que varía no sólo el tiempo pasado sino que además consigue implementar el "tiempo vivo" del presente-futuro por intermedio de la quinta y sexta dimensiones de la biótica cibernética.

La Doctología como instancia más alta del entendimiento humano está diseñada sola y únicamente para seres de un elevado nivel moral, intelectual y espiritual y se halla prohibida por decreto expreso de su creador y fundador de ser transmitida a los coprófagos, mancos mentales, sepulcros blanqueados e infrasensientes de cualquier ralea. Esta Ideología se sustenta del cúmulo de sapiencia-mega-esotérica alcanzada por su fundador y requiere de cualquier persona humana que opte por alcanzarla que reúna estas indispensables condiciones: primero, que crea en la existencia de Dios; segundo, que practique las normas civilizadas de comportamiento ético; tercero, que no haya sido concebido por cualquier proceso de clonación, lo cual impide la penetración del alma y del espíritu y por último, que esté dispuesto a cumplir con el juramento y promesa de confidencialidad y acatamiento a la disciplina especifica del sistema de la Arcaica Enseñanza Iniciática de Ocultura Universalis.

Todo este extraordinario conjunto de potencialidades en desarrollo lo consigue la Doctología liberando los átomos encadenados a las vibraciones e influencias del pasado-presente y proyectando la autoridad del ente real, el yo individualizado hacia su plenitud de cristalización y consumación por la divinización crística.

En resumen, al presentar al mundo el Primer Manifiesto de la Doctología, denominado "Teorema del Sistema", reasumo la postulación interna como la Arcaica Enseñanza Iniciática de Ocultura Universalis y su promulgación externa como modalidad de actuación a través del Existencialismo Esotérico. En esto consiste su soberano Yoga, la grandiosidad de la Gnosis de Acuario.

La exposición de la Doctología se compone de la obra literaria del Fundador, así como de las monografías y manuscritos confidenciales en los grados de Ilustración, Enciclopedistas, Académicos y Doctólogos. Esta metodología escolástica está predestinada para aquellas individualidades compactas que buscan explorar los senderos de la Vida, la Forma y la Consciencia, en todos los planos del Universo.

Los expositores autorizados por el Fundador para impartir la Arcaica Enseñanza Iniciática de Ocultura Universalis forman parte de un círculo concéntrico a nivel planetario, denominado "EL LIDERAZGO DE LA DOCTOLOGÍA". Para formar parte del mismo es necesario haber recibido el sistema completo con resultados básicos satisfactorios y con especialización en los diferentes campos de la interfertilización de la Civilización actual, a saber: OCULTURA, LA CULTURA OCULTA enseñada a los iniciados en el Arcano del Universo, Sociología Meta-Política, Antropotheoresis, Consegridad de los Mundos Invisibles, Tecnocratia, Biótica, Cibernética y Tanatosofía.

La proposición fundamental de la Doctología es la consecución de la máxima satisfacción en el camino del desarrollo espiritual. En definitiva, la Doctología como ideología procura enseñar el aprendizaje de lo que sabemos y no sabíamos, de lo que el subconsciente tiene de fortaleza utilizable dentro del espectro del Inconsciente colectivo de los seres excepcionales y la liberación de la némesis de lo imposible.

"Que esta Invitación a Hacerse Grandes les llegue a tiempo". Con esta propuesta y esperanza, les bendigo, en el Nombre del Cristo Cósmico.

MANIFIESTO TEOLÓGICO: LA TRINIDAD TRANSUBSTANCIADA EN TRISANTA SOPHIA. EL TETRARCA SE CONVIERTE EN HERISARCA

La Evolución Teleológica es el universo manifestado en un decursar dirigido por la conciencia cósmica de Dios, nuestro Padre -Madre- Creador.

El alcance de una postulación dialéctica que contemple, analice y determine una conceptuación teológica se podrá constatar por su vigencia en el plano del tiempo. Al acercarnos al futuro y entrar en el tercer milenio del Cristianismo, la religión en general y la fe en Jesucristo en particular atraviesan por un momento de reflexión y de reencuentro. El arduo y complejo proceso histórico de convivir, de permanecer y de avanzar, ha hecho que todas las creencias lleguen a un determinado punto de relación ya sea antagónica o ecuménica, pero en esta etapa del destino no es posible para ninguna ideología el sustraerse o retraerse sobre sí misma y pervivir.

La más importante producción teológica de la Gnosis ha sido el planteamiento de la unicidad fundamental de todas las religiones, o sea que la Teosofía o el parangón entre la religión y la ciencia ha dado lugar al brote de las raíces comunes del pensamiento teísta a lo largo de todos los tiempos.

Haciendo un recorrido por la Historia de las Religiones podemos encontrar sus puntos de contacto y de referencia: la idea de la Trinidad Divina, la multiplicidad de la manifestación de los Espíritus, los ángeles y las huestes celestiales, los seres arihmánicos y luciféricos de la antigua religión persa y su interpolación en el Hinduísmo, el Hebraísmo, el Cristianismo, el Islam e incluso en las contemporáneas religiones. La aparición de la doctrina de los Mesías y Supremos Avatares como encarnaciones de Dios y la polarización de los devas o dioses buenos y asuras o demonios.

LA INCULTURIZACION DE LA FE

Dentro del cristianismo en particular surgen tres corrientes que se armonizan y definen en sucesiones, una por otra. En la iglesia primitiva se plasmaron las vertientes proféticas y escriturarias que transmitieron la dialéctica de la escuela yavística y la filosofía de la escuela Elohística, eso junto a las prácticas devocionales de los fariseos y los saduceos. Entre los unos y los otros se repetiría el mismo problema de la búsqueda de la idea y la razón de la existencia de Dios como Ente Supremo y la posible inmortalidad humana. La fertilización del sistema esenio con la parafernalia litúrgica-taumatúrgica-dramática procedente del Zoroastrianismo y el Egipticismo trajeron consigo los símbolos pontificales del báculo, la mitra (de la religión mitraica) y de la celebración de los Misterios dramáticos griegos que se interpolarían en la eucaristía y otros sacramentos ceremoniales. Todo este acervo cultural se sincretiza en la Iglesia fundada por Jesús de Nazareth, en la que el mismo Cristo institucionaliza el bautismo tomado de los esenios, como la iniciación cristiana, el rito de Melquisedec, Rey de Salem y Supremo Sacerdote del Altísimo, sin linaje humano ni genealogía, ni nacimiento ni muerte, del cual el Maestro Jesús recibe y transmite el ceremonial místico del Pan y del Vino, deviniendo El mismo y se convirtiéndose en Sumo Sacerdote según el Orden de Melquisedec, instituyendo el sacramento de la Misa o Eucaristía, símbolo del Mito Solar y de la Alquimia (Transubstanciación de las especies y elementos). Cristo no inventó este sacramento ni los restantes sino que los hizo suyos y los introdujo en la Iglesia que El fundara.

Las fuentes principales de la Revelación Cristiana se dividen en tres:

1) La Sagrada Escritura, Antiguo y Nuevo Testamento, Pseudo-Apócrifa, Pistis Sophia y Patrística.

2) La Tradición.

Incluye los sacramentos, el ritual, la sucesión apostólica de los discípulos y apóstoles de Jesucristo que se constituyen en Iglesia militante en el Pentecostés, sucesión esta que fue resquebrajada por la Iglesia Latina (entiéndase el romanismo papista) cuando antes y durante la Edad Media los reyes consagraban e investían a los obispos e incluso creaban cardenales y nombraban Papas. En el mismo periodo histórico se estableció secretamente el llamado "canon de los reyes" que se mantuvo y aún persiste en secreto y que fue utilizado para obtener informaciones importantes para el dominio temporal de la Iglesia Papal por medio de la acción confesional de los sacerdotes que servían como confesores de príncipes, reyes y altos dignatarios y que debían reportar a la Santa Sede por escrito, acerca de las informaciones que obtuvieran en confesión. Esto violaba el sacramento y este hecho por vez primera se da a conocer abiertamente al público.

3) El Magisterio de la Santa Comunión de los fieles o sea la Iglesia militante es ejercido por la Jerarquía eclesiástica compuesta por los obispos, asistidos por su parte por la Iglesia expectante integrada por los santos y fieles difuntos que han partido del mundo terrenal en la Gracia de la Fe, los presbíteros y diáconos que integran el sacerdocio ministerial, la comunión de los Santos y la Gran Hermanad de los Hombres Justos Hechos Perfectos. Los Hombres Perfectos, los Maestros Ascendidos tienen acceso a lo que en la Teología Gnóstica se encuentra en el Akasha en los planos superiores y en el Eter Reflector al nivel del mundo físico.

ECLESIOLOGIA EN LA TRANSCULTURIZACION RELIGIOSA

Las sectas en el Cristianismo surgen en el proceso histórico que divide horizontalmente en nuestra religión las denominaciones eclesiásticas mientras que la Teología las divide verticalmente en su praxis y doctrina.

La división de la Iglesia, el Cisma de Occidente en 1054, la Reforma Calvinista, el Luteranismo y el Anglicanismo. Las denominaciones bizarras y las modernas surgen del proceso histórico iniciado por los discípulos de Jesús y continuado hasta el presente.

Cristianismo Primitivo Gnóstico
Fundamentalismo o concepción literalista
Modernismo o reforma exterior del sistema doctrinal
Liberalismo o infertilización cultural

Gnosticismo contemporáneo es igual a Doctología, la Arcaica Enseñanza Iniciática de Ocultura Universalis. Este sistema dialéctico-teológico aglutina el Kerigma o proclamación para las masas del mensaje soterológico (salvífico) de Cristo mientras que para los que tienen una búsqueda más profunda del significado de la Vida y de sus vidas, les imparte la didake o conocimiento del Misterio (doctrina secreta iniciática de todos los tiempos), escondido por Dios en Cristo. Junto a esto nuestra auténtica interpretación de la Sagrada Escritura tanto en el Antiguo como en el Nuevo Testamento y la Pseudo-Apócrifa, Pistis Sophia y la Patrística.

Más allá de la traducción muchas veces adulterada o prostituida por los escribas y copistas anónimos en el Antiguo y el Nuevo Testamento en sus diversas traducciones vemos el Telos o propósito Divino y el Rema o voluntad activa del Creador hacia Cairos en donde nos hallamos en el Tercer Milenio cuando la futurología de la esperanza comienza a hacerse vigente. No obstante, debemos saber que la Biblia no bajó del cielo entre las alas de los ángeles, sino que ha sido el producto histórico del quehacer teológico, las dudas y los aciertos en la búsqueda de la Verdad de Dios, guiados por Su Espíritu Santo, pero como es sabido en la época de los patriarcas y profetas del Antiguo Testamento y en los tiempos de los autores de los libros del Nuevo Testamento no se disponía de imprenta o fotocopiadoras o máquinas de escribir y mucho menos de diccionarios enciclopédicos o medios avanzados de comunicación, por lo que el proceso de confección del canon del Antiguo Testamento en tiempos de Ptolomeo Soler en Alejandría, por más de setenta sabios y el subsiguiente proceso de compilación de las tradiciones orales de la Didaskalia Apostolorum y la Filokalia, entre otros, después de la muerte del último apóstol de Jesús y las traducciones de la Biblia por San Jerónimo y en el siglo IV y Martín Lutero en el siglo XVI, demuestran como este producto histórico literario ha sido inspirado por Dios pero manipulado por los hombres.

A la Luz de la Gracia Sobrenatural vertida por la Santísima Trinidad y canalizada a través de los Siete Espíritus Poderosos delante del Trono de Dios, por los doce Arcontes del Destino y por la Jerarquía angelical de los nueve órdenes, es decir : Ángeles, Arcángeles, Tronos, Dominaciones, Principados,

Virtudes, Potestades, Querubines y Serafines y por la Divina Presencia del Señor de la Historia, el Cristo Cósmico, se han de plasmar en el Tercer Milenio de la Era Cristiana, cambios de fondo y de forma, de contenido dialéctico-doctrinal y de carácter litúrgico, taumatúrgico por la Implantación a nivel mundial de esa fórmula novísima de Fe y Rito que es conocida universalmente por los iniciados en la Gnosis de la Nueva Era como El Octavo Sacramento o el Mistericón. Este sacramento herético es la consumación de los ceremoniales mágicos que combinan las antiguas tradiciones incorporadas al Cristianismo durante los veinte siglos anteriores, con el devenir de las manifestaciones más elaboradas de la ciencia, la tecnología, el arte y la liturgia en una versión carismática, metafísica, existencialista y esotérica que produce y proporciona un incremento acelerado de la transmisión del Mensaje de la Reaparición del Maestro de Maestros.

El Octavo Sacramento, o Mistericón se efectúa por intermedio de un Sumo Sacerdote o Hierofante que realiza las funciones de Pontífice (puente de comunicación y contacto) y que debe reunir en su persona las condiciones siguientes:

1) Ser ordenado y consagrado como Obispo con líneas de sucesión apostólicas tanto latinas (católicas) como orientales (ortodoxas) y gnósticas y por depositarios legítimos y enaltecidos en función Patriarcal.

2) Haber sido iniciado en las Escuelas Esotéricas, Ordenes Mistéricas y Sociedades Secretas y haber alcanzado el grado más alto en conocimiento y la posición más elevada en la Escala de Poder y de Mando.

3) Debe haber recorrido personalmente todos los lugares sagrados de las Grandes Religiones de la Historia y haber logrado la admisión a los Grandes Santuarios y la aceptación de los Superiores a las Grandes Logias y Templos de todo el mundo.

4) Tener las credenciales vitales y la acentuación de facultades suprasensibles que posibiliten la ejercitación del uso del dominio de sus fuentes de acceso a los centros de Poder.

5) Obtener la cumbre de la autorrealización iniciatoria, mágica y profética en el ministerio de Hierofante (Sumo Sacerdote) con el grado de Herisarca, o sea: Profeta del Altísimo, Taumaturgo por excelencia y Pontífice entre Dios y los Hombres, de este modo podría hacer uso del Cetro del Poder aplicado discrecionalmente a

los iniciados, los neófitos y en ocasiones a los profanos que sean buscadores de la Verdad.

La capacidad de transmitir el mensaje del Señor de la Historia, la Proclamación de la reaparición del Cristo, así como la facultad suprema de conceder el nuevo orden del Cristo Cósmico por medio de la aplicación del Cetro del Poder, será llevada a efecto por el Hierofante en el Nuevo Milenio y de su persona en adelante se establecerá el linaje de los legítimos sucesores en la A.E.I.O.U.

El desenvolvimiento progresivo de las Etapas de la Presencia del Señor de la Segunda Venida del Tercer Milenio será de este modo:

a) el mensaje
b) el contacto
c) la reaparición
d) la Implantación
e) el Cambio Mundial
f) la Transmisión del Poder Universal
g) la Iniciación Humana y Cósmica
h) el Existencialismo Esotérico: un nuevo modo de vida
i) la Doctología, la A.E.I.O.U.

El Organigrama del Proceso Mundial de la Implantación tiene como figura central al Herisarca, el cual transmitirá el orden de sucesión y aplicará el cetro del Poder en el Octavo Sacramento (el Mistericón) en tres fases: la primera para los fieles, la segunda para las pitonisas, los ministros, los oyentes, neófitos y probacionistas y la tercera, para los ilustrados, los enciclopedistas, los académicos y los doctólogos.

Este portento clasifica y libera por medio de la acción sobre los centros o chakras de cada individuo logrando la acentuación, el desarrollo y la expansión de los niveles de autoconciencia que procuran y posibilitan por la aplicación de la Energía cósmica Divina a través del Cetro del Poder, la consecución de la reducción del Karma, el Drama personal y colectivo y la educción de los factores que coadyuvaron a la creación del alma inmortal.

Resumiendo este Manifiesto Teológico proclamamos los objetivos y postulados fundamentales de la Gran Obra que hemos recibido directamente de la Cabeza Invisible de la Iglesia, el Cristo Cósmico.

1) La enseñanza del Misterio de Dios en Cristo que incluye la reencarnación y el destino del Universo y del Hombre. La unidad fundamental del origen divino de todas las religiones, el Sendero de la liberación individual y la creación del alma inmortal, que se alcanzan por la Doctología, la Arcaica Enseñanza Iniciática de Ocultura Universalis.
2) La promulgación de la función concientizadora de ese proceso cósmico y planetario que se resume en la ideología de la Implantación en la Tierra del Mensaje del Señor de la Segunda Venida en el Tercer Milenio del Cristianismo y la aplicación del Cetro del Poder por medio del personaje del Hierofante en el Octavo Sacramento, el Mistericón.
3) La organización a nivel mundial de los órganos de transmisión de los diferentes niveles de concientización para ayudar al progreso de los Hijos de la Raza de los Hombres.

Doctología y Arcaica Enseñanza Iniciática de Ocultura Universalis, que sustenta el Sistema Mundial para el Desarrollo Humano por el Existencialismo Esotérico.

La más importante formulación doctrinal contenida en este Manifiesto es la referente a nuestra identificación con el cristianismo gnóstico de la Iglesia primitiva y el compromiso histórico en lo relativo a la filosofía metafísica y esotérica que armonizan en una cosmovisión futurista proyectada hacia el Nuevo Paradigma Universal del Tercer Milenio: la Doctología, para explicar a la luz de la ciencia contemporánea la doctrina milenaria de los Supremos Avatares de todas las Religiones y que concluye con el pantaclo de nuestra idiosincrasia catequética y mistérica.

LA ARDIENTE DECLARACION DE PRINCIPIOS DEL AUTOR

"Yo soy Herético por ser librepensador,
Gnóstico por la Sabiduría Divina,
Taumatúrgico por mi iluminación mágica,
Mistérico por ser iniciado en las Ciencias Ocultas,
Hierático, por mi sacerdocio según el Orden de Melquisedec"

Este pantaclo simboliza mi búsqueda de la Verdad en el Camino del Desarrollo Espiritual a través del Cristianismo Esotérico. En esto consiste mi dinámica paz.

MANIFIESTO METAFISICO

"El Ojo-Que-Te-Ve" (Solamente para Inteligentes)

Existe en la actualidad una vía que permite al sincero buscador de la Verdad el acceso a las fuentes informativas de la Sabiduría Universal, que explican la razón del porqué de todas las aparentes contradicciones de la Vida.

La respuesta acerca de la Naturaleza y el Cosmos, del lugar que el Ser Humano ocupa en la escala de la Vida. El encuentro personal con Dios, el Padre Creador y la comprensión del objetivo central del Plan Divino en relación con la evolución de todas las formas existenciales en el Universo. La contestación a la interrogante de cuál es la causa de que ocurran cosas malas a gente buena. El orden y el caos y la motivación de las desigualdades físicas, psicológicas, económicas, sociales y culturales en las que se hallan entrampados tantos hijos de la raza de los hombres. Y la posibilidad de la comunicación y el contacto con el Mundo Invisible, el plano de conciencia llamado El Más Allá y el conocimiento sistemático y coherente que explica la vida-después-de-la-muerte. Para todos los que deseen alcanzar el acceso a esta Vía de auténtica enseñanza y de la interpretación de los nóumenos y fenómenos de este Universo es que se ha establecido la Universidad Internacional de Teología y Parapsicología en los predios de la Catedral de la Santísima Trinidad de la Iglesia Católica del Rito Antioqueno en Odessa, al norte de la ciudad de Tampa, Florida, en los Estados Unidos de América.

Los lineamientos generales de la Enseñanza del Cristianismo Esotérico, los Evangelios Pseudo Apócrifos, las Ciencias Ocultas y la Metafísica Parapsicológica, se integran en esta Escuela de Desarrollo Psíquico y Espiritual que continúa la sucesión mistérica y taumatúrgica de los Grandes Iniciados: Hermes Trimegistus, Pitágoras, Zoroastro, Siddartha Gautama, Paracelso, Christian Rosenkreutz, el Conde de Saint Germain, Eliphas Levi, Blavatsky, Gurdjieff, Rodney Collin, Aivanhov,

Muravieff, Leadbeater, Heindel Steiner, Hartmann, Bailey y otros muy valiosos pero menos conocidos del gran público.

No nos interesan los coprófagos, los mancos mentales, los sepulcros blanqueados y los fanáticos de toda ralea. Nuestro llamado es exclusivamente para librepensadores con principios y valores éticos tan altos como para poder llegar a la cumbre de la Sabiduría Divina.

Los demás, por favor,...¡quédense donde estén!

SUMA GNOSTICA DE LA DOCTOLOGIA

1. El concepto cósmico de la Creación. El Dios Trino y sus manifestaciones en el proceso evolucionario del Universo.
2. Las enseñanzas de las Grandes Religiones. Jesús de Nazaret. El Cristo Cósmico. La vida íntima de Jesucristo: las Bodas de Caná y el Matrimonio Alquímico Crístico. María Magdalena, madre de sus hijos, llamados Amador, Sophia (Sara) y Emineo. La subsiguiente dinastía merovingia, el legado del sacerdocio femenino de las pitonisas y el ministerio sacrosanto del Mesianismo, repartido entre sus tres hijos. La relación sentimental de Jesús. También se le vincula con Salomé, Marta, Susana y María. Los Hermanos de Jesús: Tomás, Santiago y Judas Tadeo.
3. El Cónclave Iniciático Universal. Las Jerarquías creadoras. La Gran Hermandad de Seres Iluminados: CHISPA (Cenáculo de Hermanos Invisibles de Sabiduría, Poder y Amor).
4. La Reencarnación enseñada por el Cristo. La Biblia y todos los Libros Sagrados enseñan la Ley del Renacimiento de las Almas hasta alcanzar la salvación por la liberación. El Destino, Karma y la Ley de Causa y Efecto.
5. El Hombre, duplicado microcósmico del Macrocosmos. Cuerpo, Alma y Espíritu. El Doble Astral. Médiums, canales y entidades. Los habitantes de los Mundos Invisibles.
6. Los Ciclos de la Vida. Hitos de la Existencia. El Ser Humano en la Carrilera del Tiempo.

7. Mundos Invisibles. Ondas Vibratorias. Las apariciones y los encuentros con seres ultraterrestres, extraterrestres, ángeles y espíritus de la Naturaleza.
8. La Iniciación. Escuelas de Misterios. Desarrollo oculto. Proyección astral. Conciencia en los sueños.
9. Hipnosis. Sofrosis. Curación Homeopática. Tratamiento metafísico. Milagro mágico.
10. Vida antes de la Vida. Vida después de la Muerte. ¿Dónde van los llamados muertos? ¿Cómo, cuándo y en qué forma se reencarna?
11. La Psicología del Desenvolvimiento. Historia conocida y desconocida en el Cosmos y en la Tierra.
12. Poderes psíquicos y espirituales. La Biblia enseña la Astrología. Los Siete Rayos de la Creación. Poder oculto y su alcance posible.
13. El Fin del Mundo es el fin de una época, no del planeta. El Milenio de la Era de Acuario. Después del desastre, el anuncio del Bien que Vendrá.
14. La Reaparición de Cristo. Las etapas del proceso. Llegada. Proclamación. Reaparición e Implantación.
15. La noche oscura del Alma. Las pruebas de la Vida. El significado del misterio de la vida que nos rodea. Mi obra, mi misión y mi lucha. En el aspecto eclesiástico, arzobispo y teólogo; en el aspecto académico, escritor y maestro; en el aspecto esotérico, hierofante e iniciador.

PARADIGMA:

"Yo vengo con poder a sacudir las almas de los necios, a provocar a los sabios e iluminar a los de amoroso corazón, despertar sentimientos y no pasar inadvertido para que llegue mi mensaje. Unos me criticarán y otros, me entenderán, pero a nadie seré indiferente."

(De la obra del autor, titulada "Imitación del Yo")

CAPITULO 7

"La culebra amista con el búho. Tu rival es tu propia alma, si dejas que tu mente te traicione" - El Tantra Yoga y el uso de la energía sexual. – Induva y desarrollo acelerado de la Supraconciencia.- Las Invocaciones Mántricas y los centros del Poder Mental.- El Iniciado puede ser convertido en Alquimista y Taumaturgo.

Tantra es una palabra sánscrita, cuyo aspecto externo se manifiesta por medio de iconografía (mandalas), tankas, mantrams y mudras (sonidos y gestos de poder).

¿Quiénes pueden hacerlo? Los hombres y mujeres iniciados y ordenados. La mujer debe abstenerse de realizar el ceremonial tántrico mágico cuando esté menstruando debido a que la mujer que menstrua es más sensible a algunos elementales de baja octava en los subplanos inferiores del Mundo astral.

En el caso de la mujer, como en el del hombre, no debe haber contaminación sexual ni tampoco a través de alimentos, antes de un acto mágico. Para la práctica de la magia se requieren al menos, una mesa, un mantel blanco, una cruz, un símbolo en forma de estrella, un incensario y espejo, junto con la presencia imprescindible del hierofante.

Tantra trabaja con la energía sexual, la cual no está localizada, a diferencia de lo que el vulgo pudiera pensar, en los órganos sexuales, sino en el cerebro. La glándula pituitaria, hipófisis, envía una señal que en los hombres se dirige hacia las gónadas, las cuales al recibir la señal generan el semen, que tiene dos actitudes: activa y pasiva.

Un mudra, un mantram y un signo mental permiten realizar la energía sexual en el hombre. En la mujer el caso es diferente y más complejo.

La mujer, al igual que el hombre, tiene dentro de sí tanto un aspecto masculino como femenino, esta manifestación de los opuestos es el remanente físico de la primera raza raíz, la raza hiperbórea, una raza andrógina.

El aspecto masculino de la mujer es una energía que ella puede educir en sí misma. La energía masculina de la mujer se centra en el ombligo. Un determinado ejercicio hecho con el ombligo puede auto engendrar en casos excepcionales aunque la autofecundación siempre produciría criaturas de sexo femenino.

La mujer que no haya tenido relaciones sexuales emite una forma leve delante y detrás. Los hombres homosexuales emiten radiación por detrás, no sólo por delante. Esto opera en función del despertamiento del centro de la sensitividad sexual.

El chakra de la sensibilidad es el centro del cuerpo astral. Se trata del chakra cardíaco situado en el pecho, aproximadamente debajo del esternón. Los chakras astrales son distintos de los del cuerpo etérico. Son muy propensos a moverse, como si palpitaran, no permanecen estáticos.

En el Tantra Yoga o yoga sexual, el mandala del tantra manifiesta en forma pictórica el significado de un mantram.

Por esta razón el órgano kundartiguador amortigua kundalini porque de otro modo sería muy peligroso durante la práctica de los ejercicios de Induva.

El objetivo final del Yoga es la unión con el Ser Supremo; en el Tantra Yoga, el propósito es la armonización de dos seres de distinto sexo en una búsqueda mutua de la experiencia de universalidad por medio del éxtasis del amor objetivo. No obstante, Tantra es más difícil de realizar sólo por el hombre. En él la zona femenina es el ano y las prácticas homosexuales lo incapacitan para que la energía suba a los chakras superiores.

Por otra parte, contemplamos que el Maituna es un ejercicio de yoga entre hombre y mujer que en el momento de la cópula ejecutan mantrams y mudras. Abren sus auras al mismo tiempo y alcanzan el clímax. La promiscuidad sexual, el alimento con vísceras, así como las bebidas alcohólicas, el café y el té no ayudan a la realización sino que dificultan el maituna. Lo único favorable sería el chocolate, los frutos secos como el cacahuete o maní, avellanas, nueces y almendras. Algunas frutas también ayudan al tantra: las que tienen un pico como el melón, la piña, la pera, el mango....La práctica de tantra yoga trae paz y felicidad pero eso sólo se logra si se posee el conocimiento y se busca la pureza sexual desinhibida. Se debe lograr la armonía interior, no absorbiendo vibraciones negativas del mundo externo, o sea, evitando la contaminación vibratoria.

El lingan es el órgano sexual masculino que representa la energía cósmica masculina de Fohat.

El Yoni es el órgano sexual femenino que representa la energía cósmica femenina, el Prana. El tantrismo desencadena toda la energía alucinógena que reside en el cerebro (catecolaminas y endorfinas en cadenas químicas cerebrales alteradas). Por eso la práctica del tantra es sumamente peligrosa. El plasma cósmico es la expresión de la energía del Primer Rayo, es decir, Fohat o luz azul brillante eléctrica, la sustancia vitatrónica dentro de la célula. En las mujeres sale por el lado izquierdo en color rojo y retorna hacia el lado derecho con color rosa fucsia. En el hombre sale en forma de líneas por el lado derecho con color azul y retorna por el lado contrario en color verde vivo.

Este proceso forma nueve líneas saliendo por el chakra Brahmaranda, la coronilla. Ese plasma sirve para construir el alma. Cristalizar el alma mediante esa energía es darle contenido y darle cuerpo. La cristalización del alma se realiza por de tres técnicas:

- Tantra-yoga
- Pranayana (Kundalini combinado con ejercicios respiratorios)
- Induva

Quien domina el induva realiza los tres tipos de técnicas a la vez. Una posición consistente en formar una estrella con las extremidades, brazos y pies, hace que se realice el induva junto con mantrams y mudras.

Esto coadyuva a que la memoria astral registre todas las emociones y los viajes astrales en el sueño o vigilia. La memoria akáshica corresponde al plano de la Mónada. Registra todo, no sólo lo perteneciente al plano monádico sino también a todas las demás memorias – al plano mental y causal – todo lo que es consciente.

Prana sumado a kundalini es igual a pranayana. La Arcaica Enseñanza Iniciática de Ocultura Universalis nos enseña que Tantra más pranayana es el induva o energía sexual trascendida.

El órgano kundartiguador existe porque no se podía permitir que el ser humano desencadenara un poder indescriptible mediante la energía de kundalini y le diera un empleo muy equivocado.

Si la energía de una persona en lo más elevado que posee se mezcla con los aspectos más bajos de esa persona, eso significa que la energía superior también se va a rebajar, va a diluirse y a perder su cualidad elevada por contaminación con las formas degradadas e inferiores.

Las energías Fohat, Prana y Kundalini proceden del Más Elevado Absoluto Solar, que es la razón superior por la cual se debe evitar todo tipo de contaminación.
Los momentos de conciencia y la energía de los vitatrones generan el alma. También se generan los vitatrones en el clímax del amor sexual de una pareja enamorada.
De ahí la importancia que tiene el definir y comprender nuestras propias emociones. La mayoría de los seres humanos ordinarios emiten respuestas mecánicas a las sensaciones externas y a sus registros de sensaciones, emociones y sentimientos negativos, grabados en los diferentes estratos de la mente inferior.
En el Induva o Tantra selectivo, con cada siete respiraciones muere una célula corporal y nace otra, propiciando la alquimización de nuestra naturaleza personal.
El Yoga es un entrenamiento de la mente y el cuerpo para lograr la unión con Dios, por lo que es imprescindible la búsqueda sincera de la Verdad y por supuesto, de la Divinidad interior que subyace en nosotros de manera latente.
Entendemos que por la exteriorización uno sube al nivel del alma. Por la meditación el alma desciende al nivel del cuerpo, se logra el contacto con el Yo. El alma se encuentra a una distancia de entre siete y veintitantos pies con respecto a la expansión del aura desde el encéfalo.
Sabemos que el Induva es uno de los supremos ejercicios del yoga tántrico secreto. Con él se alcanza la suprema transmutación de todo y la permeabilidad de la luz. Requiere la unificación física y mental de los centros y puntos energéticos vitales emocionales del aura humana.
Por una inspiración profunda seguida de las técnicas de exteriorización, alcanzamos nosotros la profundidad de la inmensidad dentro de la práctica del Arcano y Tantra.
Analizando los aspectos componentes del alma y el espíritu en contraposición a los vehículos de la conciencia encarnada en un cuerpo físico, la Doctología enseña que el Guardián del umbral es la parte negativa de cada ser humano que impide la propia evolución superior y se encuentra localizable en el subconsciente.
Hay un muro de contención vibratorio que nos protege, pero a la vez impide la exteriorización. Durante la exteriorización se

produce la apertura del aura y los peligros aumentan si no se tiene la guía directa del Maestro.
A este respecto decía Madame Blavatsky que la materia es espíritu cristalizado y a la inversa, el espíritu es materia sublimada. La película de sustancia entre lo uno y lo otro es indeleble, pero perceptible a la visión clarividente del iniciado en la Arcaica Enseñanza Iniciática de Ocultura Universalis.
Sin embargo, para que la magia funcione, deber haber una persona capacitada para usarla e interpretarla. Este es el sujeto pasivo. En cartomancia, el cuerpo astral de aquel al que van a leer las cartas emana una substancia de su porción áurica-astral izquierda que usa al operador como médium.
Un análisis realizado con las cartas del Tarot antes de entrar en el Camino del Desarrollo, o cualquier interpretación realizada por medio de otra mancia, no sirve después de que la persona está evolucionando con sus centros o chakras girando vertiginosamente a la inversa.
Sólo cuando se alcanza un nivel superior de conciencia y de ser, se logra la plena integración que permite la correlación de estados continuos de conciencia traslúcida.
Los seres humanos son tan volubles en general porque constantemente surgen en ellos los skandas o características de vidas pasadas y como desconocen estas substancias y fuerzas psíquicas contiguas, se convierten en marionetas de estos elementales y estados de ánimo y de pensamientos que obstaculizan la actuación del yo real e incapacitan al común de las gentes para "hacer" algo valioso o permanente.
El oxígeno ayuda a la combustión de los alimentos de la primera clase. Las impresiones o alimento psíquico son fundamentales y de la combinación de todos estos aspectos depende el curso futuro de nuestra vida. Es fundamental tener cuidado con el tipo de lugares que se frecuentan. Todo aquél que avanza en el Camino del Desarrollo a través de la Iniciación, tiene sus chakras orientados en sentido opuesto al común de la humanidad y absorbe con más fuerza tanto lo positivo como lo negativo. Las personas más espiritualizadas son en consecuencia tanto las que más sufren como las que más gozan.
La práctica del Induva permite la visión de vidas pasadas. Requiere una especial preparación física que comienza con la abstención de

todo lo tóxico, físico y psíquico, en una actitud de no amargarse uno mismo la vida mi amargársela a los demás. Continúa con la purificación orgánica mediante el uso de un enema. También se puede combinar el uso de un purgante en vez del enema. Debe purificarse la dieta alimentándose tan sólo de frutas, no vegetales, durante siete días, en una dieta estricta sin leche ni queso ni huevos, ni productos cárnicos o derivados de animales.

Pasados los siete días, se realiza de nuevo la aplicación del enema. En esa etapa ya se puede comenzar a comer quesos, huevos, leche y sus derivados. Empiezan así los ejercicios preparatorios de pranayana para limpiar las fosas nasales.

El Induva utiliza tres requisitos:

1. Karmarless o liberación del karma, cuyo medio es el sufrimiento en el conjunto de la humanidad. A través del karmarless se libera el karma sin sufrimiento, por la obra del Maestro sirviendo al Ideal, a la Gran Obra, al Plan Divino.
2. Aislamiento de todo lo que mortifica o perjudica. Se trata de un aislamiento interior.
3. Conocimiento de labios a oídos, directamente del instructor. (Esta es la primera vez que se escribe a los cuatro vientos la A.E.I.O.U.)

En Doctología entendemos que Gamma y Beta son dos energías de las que pendemos en el Universo, los pares de opuestos. Por lo que la posesión es una influencia ajena que entra en forma de fuerza positiva o negativa.

Toda la historia del hombre está en el lado izquierdo del cuerpo astral y se refleja en el lado izquierdo del cerebro. Buscamos el contacto con las energías cósmicas que nos lleva a la cristalización del cuerpo astral y del alma. El vaciamiento o kenosis es necesario antes de poderse llenar de la energía cósmica en la nueva esfera áurica que estamos creando.

KUNDALINI, FOHAT Y PRANA

A fin de comprender todo el proceso cósmico del interactuar de las energías, elucidamos que Fohat es la energía divina obrando en la materia en la primera oleada del tercer aspecto del Logos. Por medio de ella se actúa de un plano a otro. Cuando fohat obtiene la fuerza del éter, entonces aparecen los agujeros en el koilón. Fohat es energía de coloración azul brillante eléctrica, percibida en su propio plano de antimateria.

La enseñanza gnóstica proclama que la plenitud se obtiene cuando el canal se abre totalmente. En la construcción del Antakarana o puente, entre los diversos estados de la mente, la sensibilidad y la conciencia o dicho de otra forma, el puente de contacto entre el cuerpo, el alma y el espíritu, colaboran las prácticas del induva, del tantra y la aplicación del cetro.

A manera de corolario:

1) Prana es la energía vital que se absorbe a través de la respiración y tiene un color rosado.
2) Atomo macho: su energía es positiva y pasa del plano astral al físico. Su carga energética activa es el orgón.
3) Hamblensom: substancia que emerge de la sustancia común del hombre desde su autointencionado esfuerzo. Ser un sujeto autodeliberado, en otras palabras. Ayesachaldem es un vocablo de raíces tártaras y significa lo mismo que Thelema en griego, o sea, la Voluntad de la Voluntad.
4) Trías mazcano: esta fuerza especial viene de la doble estrella de Sirio. Trabaja con los chakras de seres desarrollados los cuales giran hacia la izquierda.
5) Nivel de conciencia llamado el Fuego de Fuerte Fragua. Se relaciona con Idah, Pingala y Sushutma.
6) El Vril se encuentra localizado en un nervio determinado de la columna vertebral, empezando en la nuca y si se desciende por la columna es más fuerte el despertar de kundalini.
7) Átomo simiente es lo que en cada encarnación mantiene la memoria del ser. Pérdida de la memoria puede ser de dos tipos: activa o pasiva. La forma activa es la imaginación y la mentira, su forma pasiva o negativa.
8) Genoma o cristalización de la herencia biológica proyectada en Futurología, la ciencia de lo que viene en el Tercer milenio. Experimentos futuros eventualmente conducirán a la creación del hombre sintético. Este tipo de ser carecería de receptáculo para el Vril.
9) El cetro tiene una polaridad masculina. En la religión cristiana es la expresión del falo, un acople de energías cósmicas. Hay

que ser muy cuidadoso en la aplicación porque puede despertar con una fuerza terrible en una persona, desarrollando el poder. Por lo tanto, hay que romper con todo lo que esclaviza y limita pues de otra forma precipitaría el karma negativo e impediría la creación del alma inmortal.

La fuerza serpentina de kundalini debe ascender por la columna vertebral. Si se tratara de subir por el centro del bazo, situado en el lado izquierdo del abdomen, este lo detendría. Entonces kundalini descendería de nuevo, reforzándose así los aspectos más bajos de la persona humana.

El enfaticalismo ayuda a entender la actuación de las fuerzas sutiles en la naturaleza humana. Una cualidad muy importante se revela en el rostro. El hombre sólo tiene una zona erógena que es la genital externa. En la mujer, sin embargo, las zonas erógenas son concentradas en varias áreas: los lóbulos de las orejas, nuca y mejillas (este área se conecta con la lengua y esta a su vez, con la pituitaria que rige los estados glandulares de las mujeres).

Si kundalini sube por el plexo solar, entonces, la coloración de los chakras o centros de energía cambia y no actúa debidamente. El karmarless libera el karma geométricamente, no en progresión aritmética.

Kundalini se compone de tres modalidades de fuerzas: Idah, Pingala y Sushutma. Esta última es la energía central. Debe utilizarse con extremo cuidado. Es la última que se trabaja. Cuando las tres fuerzas se unen ascendiendo por la columna vertebral, su fuerza es arrasadora.

10) Átomo hembra: la energía pasa del plano físico al astral, roba energía al plano Físico. Equivale al Epton del Subplano etérico.

11) La memoria trabaja con la energía de Fohat, que procede de fuera del cuerpo, es externa al ser humano. Pero Kundalini o el fuego serpentino, la energía que yace dormida en la base de la columna vertebral, es más fuerte y si llega a tocar los centros de memoria, los activa inmediatamente.

12) El hombre es la expresión de la Voluntad., la Inteligencia y la Intuición divinas. Todo en nuestro mundo físico va hacia abajo. Si no fuera por el órgano kundartiguador que evita que kundalini descienda aún más, la fuerza o energía ígnea

almacenada en la base de la columna vertebral, se iría hacia los genitales, las rodillas y los pies.

13) Gran parte de las desviaciones sexuales son consecuencia de problemas con el sexo opuesto, al desviarse y canalizarse la energía sexual en busca de ternura y afecto.
14) Existe un tipo de ejercicio que excita las glándulas pineal y pituitaria al concentrarse en la lengua. Dependiendo del contenido y características del aparato cognoscitivo, asi como del desarrollo de las espirillas, así podrá el ser humano entender.
   El Kama Sutra como el Cantar de los Cantares, es el simbolismo de la unión del alma y el espíritu expresada en forma velada: Tantrismo y Alquimia unidos en el Arcano Mágico (las Bodas Alquímicas de Christian Rosenkreutz).
15) Desarrollar las espirillas para actuar sobre los genomas. Las espirillas del átomo ultérrimo representan el hiper-meta-protos. Las espirillas usan la energía de las neuronas. Existen a nivel molecular y subatómico. El tiempo vivo hace que sintamos que la vida está activa, no inerte. El desarrollo ocurre en cada ser humano en función del átomo ultérrimo o espirillas. De su giro y funcionamiento, o sea, de la dirección del giro, depende la capacidad de comprensión y asimilación.

Este sistema de Lógica superior muestra que el primer gran problema de la humanidad es la falta de comunicación. Se resuelve con la rápida respuesta, con las espirillas funcionando a todo su potencial. Para esto ha sido formulada la Doctología con su tecnología aplicada a la plataforma programática de la Inteligentzia Esotérica.

Definimos que en la Creación, Fohat es la primera fuerza, porque representa la energía del primer aspecto del Logos. Prana representa la energía del segundo aspecto, en tanto que Kundalini es la tercera fuerza o energía del tercer aspecto del Logos o divinidad.

Las tradiciones mayas, tibetanas, egipcias, el Zend Avesta zoroastriano, anuncian la llegada de una avalancha extraterrestre. En la tradición maya reciben el nombre de hombres serpiente, que tienen desarrollado el Tercer Ojo y Kundalini. Los extraterrestres establecerán contacto con aquellos que hayan despertado kundalini.

Cuando se educe kundalini puede haber simultáneamente un relámpago de luz, pero no es duradero. Para que kundalini ayude a expandir y también desarrollar la conciencia, hay que abrir el centro o chakra frontal. Como el caduceo de Mercurio, kundalini se bifurca, se separa en dos serpientes, para penetrar por el chakra frontal. La apertura de los centros ha de hacerse escalonadamente, para evitar la contaminación, puesto que la persona se hace mucho más sensitiva. De acuerdo a la obra esotérica "El Zivagama", lo primero en despertar con el desarrollo de los chakras es el olfato. Con el cetro se eliminan los velos. El poder subyace dentro de uno mismo, pero no es fácil extraerlo.

Los Maestros de la Tradición de Ocultura enseñan que través de los ejercicios de Pranayana se quema el karma. Esto es liberador. Significa soltar el lastre, como un fardo. El método de Gurdjieff en el Cuarto Camino era hacer que los discípulos más desarrollados en un área ayudaran a avanzar a sus compañeros en el trabajo sobre sí. Así realizaban determinados ejercicios de intercambio vibratorio energético, que implica transmisión de los más elevado de uno mismo y al mismo tiempo, capacidad receptiva por parte de los otros.

Conocemos que el hombre es como una máquina biológica. La humanidad vive en la ignorancia en el universo ínfimo limitado por su capacidad de percibir y cerrado sobre sí mismo. Cada gran foco energético del universo elabora subproductos que nos hacen realizar una serie de funciones. Hay toda una gama de corrientes que obran en todos nuestros cuerpos para llevarnos a seguir existiendo y desarrollándonos.

La autoconciencia es la culminación de Kundalini cuando se alcanza el pleno desarrollo. El alma es como una grabadora de video. La mayoría de la gente se va de este mundo con la cinta en blanco. Los chakras funcionan como centros donde se realizan las grabaciones que desarrollan el alma. El que busca la Verdad y la halla puede alcanzar el dominio de todos los mundos.

Kundalini activo es la intuición superior y lo desarrolla el Induva. Kundalini inactivo es la sensualidad superior, lo desarrolla el tantra.

Al ascender la energía si la persona no se mantiene pura, la energía necesariamente ha de bajar. Una persona abierta en latihan a través

del induva, no puede ser cerrada. Lo que no sube, baja, ya que como versa el antiguo adagio: "De la Nada, nada sale.".
Como ya habíamos enunciado, entre las prácticas tántricas las hay de diversos tipos y trabajan con los chakras. El Induva se ocupa de los cuerpos. Un ejercicio tántrico por excelencia es el maituna. El Induva usa las energías sublimadas porque los que realizan el Induva han trascendido el sexo. Pero ninguna de esas técnicas puede inducir el desarrollo si no se sitúa a la Divinidad primero y antes que todo. El Camino del Desarrollo es ante todo espiritualidad. En la medida en que nos abrazamos al manto de la divinidad, es en la misma medida en que podremos superar las dificultades.
El ser humano es usado por las energías del mundo externo a través del sexo. El órgano kundartiguador amortigua el kundalini. Se retiene así en el cuerpo físico del hombre y de ese modo se convierte el ser humano en transformador de energía. Por un proceso de panspermia la energía se redistribuye al universo por retroalimentación. Fohat irradia una serie de energías: electricidad, energía telúrica, energía solar y energía eólica.
La pureza de las acciones evita que una sexualidad distorsionada obstaculice el Sendero de desarrollo espiritual. Debemos ser internamente puros y auténticos. Es especialmente importante estar en contacto con lo que eleva, no con lo que hunde. La gente que nos rodea no tiene el mismo sentido de las cosas. Cada uno se proyecta de acuerdo con su nivel de ser.
Al concluir este resumen relacionamos los mantrams y conjuros angelicales para la sintonización con el estado interior que denominamos "del Cristo interior al Cristo Cósmico".

LOS ANGELES Y ARCANGELES. FORMULA TAUMATURGICA DE CONJUROS.

Hay nueve jerarquías celestiales. La esfera de acción de los Rayos se relaciona con algunos arcángeles:

San Miguel	Hofiel	Metatrón	Zakaki
San Rafael	Olaniel	Adossía	Satanael
San Gabriel	Zaquiel	Liosos	Zebotartán

El Arcano es el nivel de desarrollo alcanzado por la aplicación del cetro del poder. Que puede ser cetro propiamente o báculo. El Arcano es por esencia el Vril.
Los grandes devas que dirigen el destino son los Arcontes. El alma grupal se refleja también en el destino y en el Tarot. El subconsciente obra en relación con el nivel de desarrollo del Vril.
Arcano (Fórmula del Grimorio):

- Mántrico
- Tántrico o copulativo (unión armónica del Yin y el Yang)
- Induva: a través de ejercicios se alcanza; precisa la emisión de ondas thetam, la onda cerebral más elevada que puede emitir un ser humano encarnado.

El erguein es la magia blanca. El arcano requiere de una comunicación profunda con un arcángel.
Arcángel Miguel: Sol, cuarzo, día domingo, oro.
Arcángel Rafael: Mercurio, amarillo, dia miércoles, azogue.
Arcángel Uriel: Venus, nota Fa sostenido, día viernes, cobre.
Arcángel Gabriel: Luna, nota Sol sostenido, día lunes, plata.
Arcángel Zequiel: Júpiter, nota si, violeta, amatista. Arcángel Hofiel: Saturno, azabache, día sábado, plomo.
Arcángel Zebotartán: Venus, plata, color ámbar.
Arcángel Adosías: Marte, bronce, planta de los pies, nota Fa, verde.
Arcángel Metatrón: coxis, ombligo y frente, color naranja, turquesa.
El Arcángel Satanael era Luzbel, el ángel caído, Satanás, Belcebú, el Diablo: Neptuno, azufre.

MANTRAM-MANDALA-MAITUNA

Ciertos lampuras o seres que trabajan con los lipicas- los seres angélicos que gobiernan las leyes del karma- situaron en el cuerpo del ser humano el Organo Kundartiguardor para que el hombre exhalara ciertas energías que ayudaran a la evolución de la Luna y Saturno. El hombre es un transformador de energía terrestre, solar y cósmica.
Las Gunas o estados de la materia: Rajas o inercia, Tamas o equilibrio y Satya o acción, se entremezclan en el proceso

transformativo de la energía y la conciencia en los seres humanos tricerebrados.
La multiplicidad de planos en el Universo. Para entrar en cada plano hay que conocer el mantram necesario para cada uno de ellos. El mundo astral tiene sus propias percepciones sensoriales diferentes de las del mundo material, porque es un mundo de antimateria.

PLANOS DEL UNIVERSO	MANTRAM	VOCALIZAR
• Akasha o etéreo	Om	Rlo
• Prikivi o aéreo	Ra	Mra
• Ajas o agua	Maat	Nli
• Tajas o tierra	Tat	Mle
• Varuh	Twan	Mram
• Manasa	Asi	Sril
• Addhi	Sat	Zlu

El plano Adhico es aquel en que se halla la Conciencia Cósmica de Dios. Dios, visto dimensionalmente es además del Supremo Ser, un ultérrimo plano de la naturaleza. Entrar en ese plano es llegar a El. Sólo a través de la Mónada o espíritu, se entra en el mundo Addhico. La capacidad de tener un ser requiere un tipo determinado de hidrógenos, en el sentido que Gurdjieff da a ese término. Los planos de la naturaleza son sólo las vibraciones del éter. De ello depende el número de leyes de cada plano. Existe la Ley de la caída en relación con la ley decimotercera que hace referencia a los choques. La energía de los chakras debe pasar en forma de estrella con el tatwámetro. El espíritu solamente es visible en el plano monádico, porque él es la Mónada.
Un ser humano se desarrolla en diferentes plano: gnoseológicamente, o sea, por el conocimiento intelectual, en su capacidad pensante. Pero también se puede desenvolver y crecer en el plano biológico, emocional y suprasensitivo, hasta que por la sabiduría iniciática deviene en un ente autorrealizado.

Ley de la caída: La forma evoluciona hacia abajo en tanto que la vida lo hace hacia arriba, es decir en forma ascendente. El hombre debe sustraerse a ella y superarla. Esta ley es una manifestación del contraste, de la Ley de Opuestos.

En la naturaleza funciona la Ley de la Caída. Hay quienes la expresan humorísticamente diciendo que para bajar todos los santos ayudan.

Las antiguas tradiciones esotéricas orientales enseñan que el Manú propiciará el desarrollo de la nueva raza raíz. Su principal tarea ahora es el nuevo linaje humano. Un tipo de ser humano más evolucionado con acceso a corrientes superiores.

Los ángeles fueron aves en otras cadenas planetarias. En este proyecto trabaja el Mahachohán o Señor de la Civilización. De ahí los mitos que vinculan a los delfines con los ángeles y a las sirenas con los devas, así como a los centauros con los asuras o demonios. Los profetas saben cómo conjurar unos y otros en el Destino.

Del Pralaya o disolución del Universo surge el Manvántara, la reagrupación del Caos convirtiéndose en Cosmos, por la aplicación del primer rayo, el rayo de la voluntad. La primera manifestación de la vida es calor y movimiento. La conciencia es la etapa siguiente y por la involución empieza la densificación. De la relación entre vida y existencia surge la inteligencia. A partir de las tres etapas anteriores aparecen los cuatro rayos subsiguientes. Una octava es una ondulación de siete vueltas en espiral y a la octava vuelta se comienza otra vez.

La Ley treceava rige las octavas. Un ser humano normal está sujeto a noventa y seis leyes. A los iniciados que usan además el komboloi les afectan sólo cuarenta y ocho leyes, o sea, la mitad. El komboloi rompe la ley de accidente. Recordemos que la primera entidad es el Espacio (Inconsciente), la segunda, el movimiento (consciente) y la tercera, el tiempo (o evolución de la Vida y la forma).

Los objetos sagrados como los talismanes, amuletos y pantaclos son utilizados en la Alta Magia para convocar y evocar a los regidores de los planos del Universo y alcanzar el dominio sobre la naturaleza, la sociedad y mundo invisible. Así el teorema y la praxis se unen en Poder sobre los factores que gobiernan la caída del hombre.

LA MENTE

Los aspectos de la mente son:

- La fuente reproductiva o memoria vital
- La mente reactiva
- La mente instintiva o automática y mecánica
- Lo motriz cerebral
- Lo emocional
- Lo intelectual
- Lo ontológico
- Lo espiritual (jiva-mónada = ser)

El hombre es la suma de emociones, instintos, reacciones y pensamientos. El pensamiento representa un porcentaje mínimo. Un bostezo no es más que la reacción mecánica del elemental físico. Un elemental físico es el condicionamiento para la supervivencia. El centro instintivo rige la mecanicidad a través de la dinámica de la supervivencia.

La mente es el receptáculo de lo real. Para interpretar y entender cosas superiores hay que tener desarrollados los átomos del cerebro por medio del cetro del poder y el ensanchamiento de las limitaciones y horizontes.

Dice Madame Blavatsky en "La Voz del Silencio". "La mente es el gran destructor de lo real, destruya el discípulo al destructor".

El cuerpo mental, al igual que el físico, tiene automatismos creados por todo lo que se ha vivido.

La mente debe ser convertida en un radar que recibe la energía cósmica. El conocimiento es la llave maestra que abre puertas.

La mente no es el hombre. El cerebro es el asiento de la mente. Es un instrumento solamente y también de acuerdo a su etimología, mente es psique, es decir alma. El alma es el ánima, lo que anima el cuerpo.

El cerebro humano se compone de tres aspectos: inferior o primitivo, medio o central y superior. El cerebro inferior o primitivo comprende la médula espinal, el bulbo raquídeo y el cerebelo. El cerebro medio o central se compone del hipotálamo y el tálamo. Por último, el cerebro superior es el encéfalo.

El pensamiento puede ser subjetivo u objetivo: subjetivo, si no se corresponde al mundo de la existencia condicionada; objetivo, cuando es producto de los sentidos extraperceptivos.

La mente humana se divide en cuatro grandes zonas o áreas:

1) Percepción: es lo que capta y recibe los estímulos del exterior que nos llegan por los sentidos.

2) Subconsciente: capta los estímulos, los registra y asimila como una grabadora y almacén. Comprende el súper ego o súper yo, la mente profunda y la personalidad.

3) Consciente: contrasta los estímulos recibidos, los ordena y racionaliza.

4) Promotora: está conectada con el sistema nervioso central y pone en marcha el sistema motor del individuo.

El subconsciente es el reflejo astral en el ser humano. Es por eso que en personas ordinarias o descontroladas, la mente consciente es el gran enemigo. En situaciones de tensión y estrés el consciente se paraliza y aflora el subconsciente con la potencialidad de las posibilidades psíquicas o paranormales.

El profesor Hans Berger descubrió las ondas cerebrales, aplicando dos electrodos de un galvanómetro en la cabeza del individuo. Existen diferentes tipos de ondas relacionadas con el estado psico-físico de la persona y con los estados de conciencia.

Las ondas emanan de la mente en forma de energía eléctrica y pueden ser controladas por medio de la voluntad pasando así de uno a otro estado.

Los tipos de ondas o estados de la mente se denominan alfa, beta, delta y thetam. El estado alfa es de relajación, tranquilidad y abolición del consciente. El estado beta se corresponde con la vigilia, la atención consciente. Cuando el cerebro emite ondas delta sin embargo, se trata del estado de coma, de imposibilidad de respuesta psico-motriz. Por último, thetam es el estado más elevado de emisión de ondas cerebrales, pues es la fase de creatividad e inteligencia creadora.

Los estados alfa y beta corresponden a la producción de fenómenos paranormales. La Parapsicología es una ciencia, es decir, conjunto sistemático y sistematizado de conocimientos de una materia; en este caso los fenómenos que corresponden a funciones extrasensoriales o lo que equivale a decir, que se encuentran más allá de los cinco sentidos (vista, audición, olfato, gusto, dicción o palabra y tacto o acción) a lo que agregamos los sentidos intrasensores: paladar, térmico, gaseoso y ácido.

El padre de la Parapsicología contemporánea, el doctor Rhine, de la Universidad de Duke en Durham, Carolina del Norte, acuñó en el término potencialidad Psi que designa la exteriorización de la fenomenología paranormal, diferenciando dos tipos de fenómenos:

a) psi-gamma, o sea, los fenómenos paranormales de efectos exclusivamente psíquicos y subjetivos en relación con el psiquismo, sin empleo de estímulos sensoriales y b) psi-kappa o fenómenos psicocinéticos, o sea de clara acción psíquica sobre la materia, de efectos físicos, sin mediar acción física conocida. Ejemplos de fenómenos psi-gamma son la telepatía, la clarividencia y la precognición o premonición. Los fenómenos psi-kappa pueden actuar sobre tres clases de objetivos: estáticos, en movimiento o de seres vivientes.

En Parapsicología se busca que cada estímulo condicionado cree un proceso mental que produzca un fenómeno paranormal, es decir, universalizar y producir colectivamente los fenómenos paranormales.

Los reinos de la naturaleza en el hombre son su panspermia

- Vegetal (pelo, uñas)
- Mineral (electrolitos en la sangre, calcio en los huesos, etc.)
- Animal (instintos)

¿Dónde está verdaderamente el ser humano? En la mente. Hermes Trimegistus decía en su Tabla de la Esmeralda "todo es mente, el Universo es mental". Pero las experiencias acumuladas en el banco memorístico impiden ver la realidad en su totalidad. Por eso la mente inferior está incapacitada para ver el mundo real.

El elemental astral es lo que corresponde al cuerpo de emociones. Hay que evitar identificarse con las vibraciones antagónicas. No hacerles frente directamente. No identificarse con el antagonismo. Quitarse de la línea de acción del agresor, del atacante. Armonizar el cuerpo astral con la porción más elevada de la vida.

La mente divina obra en nosotros en función de que nos armonicemos con ella.

El hombre se compone de carácter, voluntad, intuición, inteligencia. Estos son los principios que forman el alma. A ellos se suman la personalidad, la conciencia, los centros de energía o chakras, la mónada o espíritu. Y además posee sentimientos, emociones, instintos e inhibiciones. El espíritu o Mónada está compuesto de energías o corpúsculos libres. Nada en su plano lo puede detener. El ser humano es una multiplicidad de estados de conciencia.

A la mente humana llegan continuamente los pensamientos, pero no hay en ellos un acto consciente del intelecto. Se producen automáticamente, sin intencionalidad.
La mente trascendente es la Intuición. La Intuición es la mente divina obrando a través de cada hombre desarrollado. Hemos de abrirnos y dejar que obre la Intuición en su nivel más elevado.
Los bloqueos mentales impiden avanzar en el Camino del Desarrollo Espiritual.
Las dos columnas míticas del Templo de Salomón, llamadas Joachim y Boas representaban el hombre mismo. Son el aspecto masculino y femenino. La raza humana primigenia, la raza hiperbórea era andrógina, es decir que no tenía una diferenciación sexual. Adam Kadmón fue un ser andrógino, representa simbólicamente la raza de los hombres. Las nueve sefirot o luces de la Cábala hebrea no son sino el eneagrama. La Cábala es una vía para el desarrollo armonioso del hombre.
En el hinduismo, la felicidad es el engaño de Maya o la ilusión.
Los años nones representan un difícil momento, una encrucijada para la humanidad, y la iniciación esotérica se convierte durante este tiempo en algo más difícil de alcanzar, más selecto, más restringido. Las reuniones místicas suelen realizarse con las fases de la luna. Las iniciaciones sólo pueden realizarse en momentos lunar y solar positivos.
El Rayo de cada uno debe ser armonizado, balanceado, equilibrado.
En la búsqueda introspectiva del ser real se lleva a vías de efecto la importancia del significado del silencio en una Escuela Esotérica, como instrumento de la disciplina mental de la penetración ontológica.
La ecuación de nuestro propio ser interno cifrada en el código genético es la palabra perdida o secreta. Hay que encontrar esa ecuación personal para hallar el contacto con la divinidad. Y eso se halla solamente en la interpretación del silencio interior o control de los vitris o modalidades pasivas y activas del pensamiento.
"Aquel que pretenda oir la voz del Nada tiene que enterarse primero de la naturaleza del Darana". Nada y Darana son términos de origen sánscrito, la lengua sagrada de la India. Nada significa el sonido insonoro. Darana es la intuición.

INTERPRETACION DE LOS SUEÑOS. – SENTIDO ONIRICO DOCTOLOGICO

De acuerdo con la Doctología, cada sueño puede tener seis interpretaciones diferentes, aunque en realidad son siete, dependiendo del sujeto y del contexto; así varía la interpretación. Como por ejemplo, soñar con que uno está cayendo significa tener miedo a la vida, a las relaciones humanas.

Bajo los mismo parámetros, un cuchillo u otro objeto perforo-cortante, como tijeras, espada, o similar, significa temor a la envidia y las bajas pasiones en general. Soñar con una lanza sin embargo, abre caminos hacia lo elevado.

El encuentro en sueños con amigos o familiares fallecidos es un contacto con la mente del desencarnado o con la mente abstracta de una persona viva.

Soñar con la muerte de un familiar se interpreta no como premonición de muerte física sino como un cambio en la relación con ese familiar.

La Tanatosofía postula una metodología para lograr los estados de autoconciencia en los sueños, así como la proyección mental onírica y la programación existencial a través de los niveles de inducción hipnótica, sofrológica y psíquica-ontológica.

CAPITULO 8

"La naturaleza tiene horror al vacío, entonces llénate de la naturaleza. El contenido de tu ser es igual a la suma de tus experiencias realizadas" - Hilvanando hilos deshilvanados en paradojas y paradigmas.- En el Sistema Solar Ors.- Rayo de la Creación y Alta Magia.- Las fuerzas sutiles del Universo.- La conquista del Fuego interno y el Poder Psíquico.

La Magia es la utilización consciente de las fuerzas sutiles de la naturaleza. El sentido de lo mágico está presente cotidianamente en la vida. Por ejemplo, cuando de niños caminábamos por las aceras evitando pisar las rayas entre las baldosas (o bien, pisándolas conscientemente). Lo mágico se manifiesta a través de signos y gestos que todos hacemos ritualmente sin tener un sentido claro del porqué, a la manera de la mayéutica teatral, del subconsciente.
La taumaturgia utiliza una bola preparada místicamente que representa a la Tierra y éste es el punto básico de partida, el comienzo de la etapa de neófito.
Cuando se termina el karma con una persona, no se debe de involucrar nuevamente porque crea contaminación. Cuando se magnetiza algo para un propósito diferente, hay que cambiarlo de sitio. Nunca deben programarse objetos que hayan permanecido en sitios de dolor. Es muy recomendable lavarse las manos antes de salir de ese tipo de lugar, así como limpiar muy bien los zapatos cuando se está ya fuera de esos sitios. En consecuencia, la primera regla en Magia es la no contaminación.
La llama de una vela refleja el aura propia como si fuera un espejo. De ahí los ejercicios de concentración que se efectúan en la etapa probacionista de los neófitos oyentes de la Escuelas Esotéricas, Fraternidades Herméticas, Ordenes Mistéricas y las Sociedades Secretas.

Pero haciendo una retrospección para mejor entender la Magia del Urín y el Tumín y otras formas adivinatorias, vemos que en los tiempos de la confección del Antiguo Testamento la Escuela Secreta o Hierática (Sacerdotal) de Melquisedec apenas era conocida por los escribas y copistas anónimos. El Deuteronomio significaba la segunda ley. Esdras a la cabeza de la Escuela del Pentateuco. Dos eran las principales escuelas bíblicas: la Yavística y la Elohística. Esdras compiló la Torah, o sea, los tres primeros libros del Deuteronomio. Yaveh era el gran deva o ángel tutelar del pueblo de Israel, no el Dios del Universo. El libro de las Claves de Enoc contiene las claves secretas esotéricas y cabalísticas de la Magia del Antiguo Testamento y por lo tanto, la única clave escrita que autentifica en forma literaria a la misteriosa escuela de la Tradición de los Hierofantes o Sumos Sacerdotes según el Orden de Melquisedec.

Volviendo a los pasos del neófito en la consecución del poder, en el trabajo mágico, los colores de las velas son un factor muy importante: verde para ver el futuro, rojo para el pasado, violeta para el presente. De la misma manera se sugiere siempre el uso de un komboloi pues ayuda a atraer energías positivas y también como medio de protección pues polariza las fuerzas contrastantes. La palabra komboloi o rosario de cuentas de oración y protección es de origen griego; resulta de la fusión de dos vocablos griegos: “kombos” que se traduce como un gran número de nudos y “loi” que quiere decir grupo o conjunto.

La Magia contaminante se produce a través de los objetos. La magia imitativa o simpática, tiene mezcla con la contaminante. Fraser, el autor de “la Rama Dorada”, define ambos términos; luego, Sigmund Freud escribiría sobre “Tótem y Tabú” refiriéndose al mismo proceso en el plano psíquico del inconsciente.

Igualmente Aleister Crowley acuñó el término “Magick”, que se refiere a la magia consciente o intencional. Cumplir la voluntad divina es el modo de desarrollar la propia voluntad. El cuerpo del iniciado, el sujeto, es el llamado lazo mágico o “link” en inglés y “antakarana” en sánscrito, la lengua sagrada de la India. El summum de todo este proceso es el alcance de la condición máxima de puente y antenaje en los pontífices (derivación mágica de puente) o sumos sacerdotes.

En resumen, estamos presentando el aspecto gnómico, o sea, las Leyes de la Lógica Esotérica: Psíquica y Física, basada en la Enología. La Enología es la ciencia gnómica de la Nueva Era, tal y como lo muestra la Doctología.

1. La Nueva Ciencia, o sea, la Doctología, se basa en la Enología. Comprensión de las Leyes a través de la esfera óntica, del ser desde las emanaciones del Maestro. Mundo esotérico del estudiante es la emanación de los arquetipos esotéricos del Maestro, a nivel del inconsciente. Esto es: Arcano e Induva.
2. Eones, Arqueometría: ciencia de la medición de la Magia Geocia. El Maestro y el estudiante en el mundo espiritual se conducen como un solo ser. Cuando la palabra se desenvuelve en el Maestro, se revelará al estudiante en su esfera óntica, simbolizado en las Bodas Alquímicas de Christian Rosenkreutz.
3. Arqueometría y Gnosis Esotérica. Leyes de paso a mundos superiores, pasando por alto las energías negativas. El estudiante debe pasar esos espacios, protegido de los seres negativos por los poderes del Maestro. La Evocación de la Taumaturgia y los Arcontes de la Gnosis.
4. La Encarnación del Tiempo vivo. El estudiante es capaz de desarrollar los poderes de la Luz, Uno con el Maestro, unido a su Rayo, del Espíritu de la Verdad, con el Padre de la Luz.

La Ley de Thelema es la "Voluntad de la Voluntad". Hacer tu voluntad será el pleno cumplimiento de la Ley, es su enunciado. Thelema es el poder de la voluntad en acción, o sea, voluntad operante, en la consecución de los propósitos personales, grupales o mundiales.

El vínculo mágico es el contacto interno con las fuerzas sutiles de la Naturaleza y esto lo puede alcanzar el que se convierte en Doctólogo.

Jima, discípulo de Zoroastro, recibió de éste una espada de fuego, un arma de victoria. En Magia, hasta el más pequeño detalle es importante. Una daga, un cuchillo o unas tijeras que obsequiamos o nos regalan, puede contener la simiente de algo desastroso, aparatoso o portentoso.

Mediante la práctica de la disciplina intelectual de la Doctología despertamos al gigante dormido, el Vril, que es la energía de la base de la columna vertebral, o sea, Kundalini. La energía sigue al pensamiento. Es necesario producir un cambio interno para educir los poderes, Kriya Yoga, Tantra y Arcano. El induva es la plenitud o pleroma de estas técnicas que convierte a cualquiera que las practica en algo parecido a un "semi-dios."

Pero como resulta que nuestro planeta está regido por fuerzas contrastantes (el Yin y el Yang, la Magia Blanca y la Magia Negra): Agartha y Shamballah, polarizadas por Asgard, tenemos que conectar entonces con estas fuerzas telúricas para la obtención de la carga vitatrónica de retroalimentación de los chakras por el método de meditación o "hacer cámara."

El origen de todo se halla en el pensamiento. Hacer cámara permite lograr el equilibrio cielo-tierra. En Yoga ésta es la postura que más armoniza. La cámara ejemplifica el contenido del triángulo de nuestro cerebro, sistema nervioso y órgano kundarfer que se reflejan a su vez en las cruces de un templo en líneas de fuerza que se entrecruzan, tal como Leadbeater lo describe en "La Ciencia de los Sacramentos". La pirámide y la esfera de cristal son símbolos de la Ley del Ternario y la Ley del Ciclo que impiden la entrada de vibraciones negativas y poco a poco despiertan las vibraciones más positivas. La magnetización es condición necesaria e imprescindible para alcanzar ese resultado.

La energía negativa se autodesplaza sola por choques externos, en tanto que la energía positiva tiene que ser dirigida intencionalmente con la voluntad. El vaciamiento o kenosis es el medio de dirigir la energía psíquica para una función determinada acoplando las respiraciones. Así se varía el biorritmo.

En el futuro cercano va a incrementarse la penetración extraterrestre en nuestro mundo. Su identificación positiva o negativa es muy difícil a primera vista. Su respuesta ante un símbolo religioso sería dominante. Ante su presencia, como modo de protección, se debe invocar el nombre de Dios, dado que existen sistemas solares de magia negra. Ciertos extraterrestres son de simetría bilateral y forma antropoide. Nuestro planeta, la Tierra, también llamado Urantia o Gaia, es de polaridad femenina. Unos y otros proceden de las tres fuentes galácticas, Alfa del Centauro, la Estrella Vega y la doble estrella de Sirio.

De nuevo en el plano emocional, viendo el asunto en otro aspecto y bajo un espectro diferente, el komboloi neutraliza el nuevo karma. Y es que la ciencia del propio conocimiento se basa en la capacidad de percibir nuestras sensaciones. Todas las emociones importantes se manifiestan en el área umbilical. La bola de cristal magnetizada tiene polaridad femenina, sirve para la recepción. También cumple la función de influir sobre la glándula hipófisis.

La glándula pineal, sin embargo se ve más influenciada por la aplicación del cetro del Poder. Las plantas de cactus son muy positivas para alejar la energía negativa.
Por eso aprendemos de los esoteristas a positivizarnos, a atraer energía positiva en todo momento, siendo conveniente al levantarse por la mañana, el pensar que nada malo va a suceder. No dejarse condicionar por las influencias negativas. Y polarizar el día colocando primero el pie derecho en el suelo con emanaciones psicoemotivas positivas.
Como ha sido y es nuestro planteamiento, la entrega de sí no es abandono de sí mismo, sino profundización en el interior de su ser. La mente es el gran destructor de lo real, por lo que el autosabotaje de la mente reactiva y los obstáculos que traemos del pasado impiden nuestro avance. Sólo con el esfuerzo enfocado en la dirección adecuada o sea, hacia el Ideal, podemos vencer el mal y triunfar.
El Supremo Avatar ha manifestado que desde 1904 la entidad Aiwas fue regente del Eón, hasta el año 1987. La energía que comenzó en el Polo Sur desde 1975 produjo variaciones en nuestro planeta. A través de Thelema, la Voluntad de la voluntad, se domina la mente para transformar la vida dentro de las Leyes cósmicas y se superan las energías contrastantes.
La Magia como utilización de las fuerzas sutiles de la naturaleza para lograr objetivos concretos, actúa siempre dentro del marco de las leyes cósmicas en cada plano. "Dentro del plano de su acción todo verbo crea lo que afirma" como escribiera Eliphas Levi en su obra "Dogma y Ritual de la Alta Magia".
El Corolario se define así: Tengamos en cuenta que la Luna en cuarto creciente facilita el logro de los cometidos taumatúrgicos, o sea, de Alta Magia por lo que este período neutraliza el biorritmo genérico cuando se sabe utilizar bien.
El Apotegma mágico "Límite establecido es límite trascendido" nos permite entender que cuando conocemos las falsas identificaciones y nuestras limitaciones, es cuando podemos empezar a superarnos. Hay dos clases de Magia, que podemos definir como:

1. Geocia, la originada en la Tierra,
2. Teurgia, la procedente de Dios

Para operar mágicamente se precisan estos elementos:

- El médium
- El operador
- La sibila

Los cinco poderes son: físico, mental, moral, espiritual y por último, el poder de la Voluntad (Thelema aplicada).

Recapitulando, en términos esotéricos nuestro sistema solar viaja hacia la Estrella Vega, en tanto que la Galaxia, o sea, la Vía Láctea, lo hace hacia Alfa del Centauro. La Iniciación nos lleva hacia el desarrollo místico de la conciencia y del ser espiritual, el cual tiene la facultad latente de volar, alcanzar y llegar a las estrellas, al cosmos y al infinito.

Aparte de lo netamente astrofísico y material debemos reconocer este otro factor. ¿Qué es un elemental? Elemental es materia de la naturaleza que nos circunda. Es toda vida ígnea, una forma mental, partícula sutil galvanizada por pensamientos y emociones propias o ajenas; emitidas o asimiladas en el aura, en tanto que un elementario es todo elemental del mundo de las emociones y pensamientos, forjado por los cadáveres astrales y mentales de entes desencarnados. Un cadáver astral galvanizado por un elemental mediante un acto de magia, es un elementario.

Existiendo en un medio acuoso, ácido, oxidante y aberrante como todo esto que hemos relatado en cuanto a elementales, elementarios y fuerzas astrofísicas de fisura y choques, llegamos a la conclusión de que uno de los privilegios de los Iniciados en una verdadera Escuela Esotérica es el recibir la energía de la mano izquierda, o sea, la apertura o latihan del vril o base de la fuerza serpentina o Kundalini, lo que permite dominar a los elementales y controlar a los elementarios. Estos son los seres arihmánicos y luciferinos de la religión zoroastriana y la base de la actividad astral en el contexto humano.

Por lo que la Ciencia por sí sola, si no conoce a Dios, es coja. Pero la Religión sin Dios es coja también. Hay quien se enfrenta a Dios como si fuera un comercio, un cambalache (te ofrezco oraciones y sacrificios si me concedes lo que pido). En definitiva, superstición ausente de espiritualidad.

La Doctología enseña que en Alta Magia, aun viviendo en medio de condiciones como las que ya hemos explorado a nuestro derredor, el uso de velas magnetizadas, cruces de madera y agua bendita, entre otros medios, permite evitar que la energía negativa entre en los hogares. El ocultista se halla en un nivel superior de la evolución humana. Estar en un círculo interno de la humanidad ayuda a la familia y a los que les rodean vibratoriamente pero esto no significa que los vinculados por lazos familiares a un miembro del Camino de Desarrollo, salgan instantáneamente de todo problema o de la Ley de Accidente.

Desde esta perspectiva vemos que la Divina Liturgia de la Misa Gnóstica es vínculo vibratorio entre el mundo físico y los mundos superiores, como acto supremo de Taumaturgia (Alta Magia).

En Doctología decimos que el Reino de los Cielos es un estado de conciencia en el movimiento infinito de la vida. En él se entra conscientemente estando en vida física por medio de la Iniciación Superior de las Escuelas Esotéricas.

Algunas porciones de la misa, porciones secretas contenidas en la liturgia, conocidas solo por los obispos gnósticos, sirven para canalizar la energía atraída hacia el altar para un propósito definido.

En la aspersión de los fieles se sustituye la sangre del Antiguo Testamento por el agua. El agua bendita y el incienso tienen el sentido de purificar y cerrar el círculo mágico.

No obstante, para la práctica privada o secreta de la Taumaturgia, el símbolo mágico debe ser confeccionado solamente por el Mago Iniciador ya que tan sólo el taumaturgo puede transmitirle la esencia de su poder.

Cuando hay un descenso muy fuerte de magia blanca, la magia negra sigue a ésta con un intento de hacer ascender la potencia de la magia negra. En ocasiones puede llegar a perderse el control hasta el punto de que ciertas sectas llegan a inmolarse y perder la vida. A modo de ilustración o ejemplo, un acto de magia roja necromántica tuvo lugar en Berlín durante la Segunda Guerra Mundial con el suicidio de unos cuatro mil monjes budistas tibetanos de magia negra.

La Ocultura enseña que la Paradoja o aparente contradicción volverá a reinar en las esferas de acción de su especificidad. En

Ocultismo, a diferencia de en la Magia, se usa el término negro para designar lo secreto.
En el accionar de la praxis, el encantador, brujo, hechicero o taumaturgo indistintamente, es el factor clave. En Magia hay que tener un aliado. El aliado es aquel ser que ayuda, que se posesiona de un objeto para crear un íncubo o un súcubo. Incubos y súcubos tienen en este contexto el sentido de elementales. El Golem es una entidad creada a manera de clonación vibratoria. La energía sexual es la más fina que produce el cuerpo humano, por lo tanto es la más apropiada para la Magia Tántrica. Muerte y concepción son una en la eternidad. La tendencia a la repetición de hábitos desencadena la sucesión de vidas idénticas en reencarnaciones sucesivas. Ello es el producto de la inconsciencia. La Magia rompe, neutraliza y canaliza la realización en la conciencia transcendente más allá de la vida y de la muerte.
Reglas para la Magia de la A.E.I.O.U.

1. Ángel solar o Cristo cósmico
2. Respuesta de la sombra. Trabajo en meditación. Luz interior ilumina y genera la energía.
3. Energía. Luz y esfuerzo. Sonido, vibración, luz y forma se entremezclan en el trabajo.
4. La palabra perdida, el Mantram, el mudra, los Pantaclos, Grimorios, Enchiridiones y la Clavícula Mistérica.
5. Corazón, garganta y ojo
6. Devas inferiores son expulsados
7. Dos senderos se enfrentan al Ángel Solar. Vibran los polos. Elevación
8. El mago se transporta a donde se unen agua, tierra y aire, el lugar del trabajo mágico.
9. Condensación o ubicación de la forma.
10. Las aguas bañan las formas. Los constructores externos terminan y comienzan los internos.
11. Vidas, palabras, frase mística que salvaguarda el trabajo.
12. Mago está en el punto medio
13. Los cuatro dan siete (la sombra se reviste a sí misma)
14. El sonido crece. Peligro de fuego y llamas. Ciclo de paz. Acudir después al ángel solar.
15. Fin de la construcción del fuego. Transmutación plena del Organum Plenum.

El poder cósmico se halla oculto en la base de lo más profundo del Vril. El brujo ancestral era admirado, temido y obedecido por los primitivos hombres. Fue el primer sacerdote (hechicero, mago, médico, curandero, etcétera) que practicaba la llamada magia simpática o simpatética. El brujo era continuador como sacerdote de las tradiciones antiguas que habían degenerado o declinado, como ha sucedido con la brujería, el vudú, la santería y otras religiones de tipo sincrético. Las primeras formas de religiosidad fueron de tipo fetichista y animista.

El palo viene del árbol y el árbol por antonomasia es el Arbol de la Vida. La obra "La Rama Dorada" de James Frazer explica como la rama del árbol sagrado es el origen del báculo, del cetro, del mallete y otros símbolos de poder usados en las diferentes antiguas culturas del mundo y repletos de simbolismo religioso y místico que ha llegado hasta nuestros días. La mitra es el precedente de la corona, como el báculo lo es del cetro. Los ángeles y devas del bosque le indicaban al brujo qué rama debía cortar como parte del ritual mágico.

En la antigüedad existió también la llamada prostitución sagrada, práctica en la cual las mujeres entregaban sexualmente sus cuerpos para el mantenimiento de los templos.

Dos conceptos fundamentales que se hallan ligados: tótem y tabú. Tótem como símbolo sagrado, imágenes o figuras. Tabú como prohibición.

Las Iniciaciones superiores de magia blanca, de los grados 90º a 97º, tienen que ser conferidas en el Plano astral por un Sumo Sacerdote en Eleusis y Samotracia, en Grecia; en Luxor y Karnak, en Egipto o en la Escuela Sarmang en Turquía, porque esos son los más altos templos para iniciaciones de magia blanca. También en Persia, en Irán e Irak, se pueden obtener aunque de forma diferente en la actualidad.

Hay un cierto paralelismo entre los brujos antiguos, los sacerdotes los magos. El "brujo primitivo" fue iniciado en el máximo nivel al que se podía tener acceso en aquellos tiempos. Tanto el brujo como el verdadero mago tienen poder sobre ciertas fuerzas sutiles de la naturaleza. El Profeta Hierofante también lo alcanza pero se caracteriza por el Carisma, la Unción y la entrega al ideal del Dios Cósmico. De esta forma, el sublime iniciado conoce que hay que escuchar la canción de la vida que nos dice en cada momento lo

que ha de ser. En la poesía radica la inspiración del místico. El lenguaje llega únicamente a los que pueden comprender el Misterio, para los demás es ruido ensordecedor la más bella melodía.
A la iniciación de la inteligencia, con la entrada en una Escuela Esotérica, deberá seguir la iniciación de la voluntad para lo que se puede sentir el alma en la vida cotidiana, pero al mismo tiempo hay que cerrar el aura cuando se trabaja con gente negativa o en medios hostiles de multitudes ignorantes.
La ignorancia debe ser transmutada en conocimiento, que en su grado más alto es sabiduría. Pero esto es obra de siglos y de milenios, solamente las grandes almas lo logran en pocos años. Para este propósito se ha diseñado la Doctología.
Por eso recomendamos la erección de un íntimo lugar de meditación y contacto con el mundo Invisible: el Sanctum de Ocultura Universalis.

¿Cómo es el Sanctum ideal?

1. Secreto, es decir preservado de la mirada de los profanos.
2. No contaminado. Este es el motivo del lavatorio de las manos durante la celebración de la Santa Misa y también del porqué se aconseja esta práctica a todo discípulo antes de acercarse a su sanctum.
3. Devoción personal para magnetizarlo.
4. Hacer cámara. Meditación en un sitio destinado a este propósito.
5. La práctica del recuento retrospectivo frente al sanctum tiene mucha más fuerza.
6. Círculo, realizado en sentido inverso al movimiento de las agujas del reloj. Dar tres, cinco o siete vueltas, permaneciendo dentro del círculo.
7. Mandil o instrumento de trabajo. Saludar el sanctum como corresponda al grado. Hacer el signo secreto de la cruz, pronunciar los mantrams y realizar la postura de la Estrella del pentagrama.
8. Orientación del sanctum hacia el Norte o el Este.
9. Composición:

- espejo, para verse estando sentado
- incensario, al frente o a un costado
- bola transparente o con algún contenido místico

- pirámide
- cruz
- mantel o tapete
- velas y oraciones que se rezan al prender las velas
- imagen del Maestro, o en su defecto, de un contenido místico.

Para los esoteristas el Sanctum es una prolongación del Antakarana, o sea del puente de conexión entre el espíritu inmortal y el alma inteligente. Debemos comprender las modificaciones de la energía sexual y sus peligros al usarse en Magia. Kundalini tiene dos manifestaciones según la polaridad.

1. pasiva: energía fina que se usa en la creación. Es la inspiración o Buddhi, en terminología sánscrita, la intuición más elevada.
2. activa: energía de Kundalini en el sentido de encumbramiento.

Cuando sale desde la base de la columna vertebral y se eleva, produce un desarrollo inusitado de posibilidades pero sin una canalización adecuada implica un terrible riesgo. El Arcano es la forma más apropiada para ascender kundalini hasta el centro del encéfalo.

Reflexionar procede del latín "reflectio" que significa verse a uno mismo. Así es como se vislumbra la comprensión del Tantra.

Para los místicos el contacto con Dios se establece por medio de la comunión con Cristo, uno de los medios es la celebración de la Santa Misa. Al llegar al Samadhi o éxtasis místico se ha de sentir que todo el universo circula por las arterias y las venas. Esa es la primera sensación de Dios en el hombre. A esto los esoteristas llamamos Induva y los místicos, éxtasis. En síntesis es el Samadhi o unicidad de la individualidad trascendida con la Consciencia Cósmica de Dios.

La Evolución conduce a la expansión de la conciencia. La conciencia automatizada lleva inexorablemente a la Iluminación, la Liberación, en el largo transcurso de la Evolución. La aceleración de este proceso natural se alcanza por la tecnología aplicada de la Doctología y la Arcaica Enseñanza Iniciática de Ocultura Universalis.

Como aseveran los grandes magos, de todos modos hay que saber acerca de los peligros de la mala utilización de la Magia, como por ejemplo: los cuerpos de las víctimas de Magia Negra son marcados con una letra "Z" porque representa una letra "N" acostada que es

el símbolo del nous o alma. Esto constituye una jettatura o encadenamiento y limita y retarda la liberación del alma.
A través de la Alta Magia se llega a la comprensión de que el trabajo sobre uno mismo empieza cuando ya el cuerpo físico no da más de sí. Por primera vez se nos habla de la mecánica de la oportunidad. En este preciso instante se procrean las ocasiones de alcance superior.
Reiteramos que la Magia, como utilización consciente de las fuerzas sutiles de la Naturaleza, dirigidas con poder en base al conocimiento secreto, se sirve de Invocaciones, Evocaciones y Oraciones, palabras de poder o mantrams, símbolos de la ejecución de movimientos. Primero hay que hacer el signo de la cruz a los cuatro puntos cardinales. Después se evocan los espíritus de tierra, aire, agua y fuego, que son los cuatro elementos. Para evocar a los seres de los elementos hay que hacerlo siempre en nombre de una deidad superior. ¿Quiénes pueden hacerlo? Los hombres iniciados y ordenados. Si las mujeres están menstruando no pueden realizar ceremoniales mágicos. Una mujer que menstrua es más sensible a algunos elementales de baja octava en los subplanos inferiores del Mundo Astral.
En el caso de la mujer, como en el del hombre, no debe haber contaminación sexual ni tampoco por alimentos antes de un acto mágico.
Teniendo en consideración que el centro del instinto produce actos motrices de naturaleza involuntaria, necesitamos identificar los actos resultantes de estos centros pero nunca luchar contra ellos porque entonces se alimenta de energía aquello contra lo cual se lucha.
Así como las reglas de las artes marciales incluyen tres esenciales, que son las primeras que todo alumno debe conocer y practicar, o sea, aprender a caer para saber levantarse, usar la energía del contrincante y quitarse de la línea de acción del adversario, también en Magia, los mantrams articulan el sonido con el movimiento para coordinar mejor la energía de los centros. Entonces, la meditación como entrega a Dios debe producir deleite y euforia. Esta será tan práctica y objetiva como un ejercicio de karate.
Un estado mental positivo, de alegría, permite la meditación. Al meditar se emplea la mirada interior. El hombre es la mirada, lo

demás es carne y materia, decía el pensador sufí Rumí, Se necesitan también ciertos recursos externos para poder meditar:

a) símbolo místico que despierte la devoción

b) incienso para purificar el ambiente

c) horario adecuado. El mejor es inmediatamente al levantarse después de limpiar el organismo, estando en ayunas.

d) Oración breve para dirigirse a Dios. La mayoría de la gente quiere devorar el día, sin darse cuenta de que el día los puede devorar a ellos.

e) Condicionarse mentalmente con un pensamiento superior. Hacer esto todas las mañanas aunque sólo sea por unos instantes. Debe hacerse tanto a las doce del mediodía, la hora del Angelus, como al poniente, o sea, a la caída del sol.

f) Sonidos vocales que ayudan. Por ejemplo, determinados mantrams abren el aura. Pero su uso es delicado pues la persona debe tener cuidado de cerrarla después para evitar la contaminación vibratoria en la vida diaria.

g) Para recibir energía en la meditación se mantiene las palmas abiertas hacia arriba.

h) Para canalizar energía en la meditación se colocan las palmas hacia abajo y se envía la energía en la dirección geográfica adecuada.

i) El uso del aliento en la meditación puede ayudar a quemar o consumir el karma negativo. Recibe en sánscrito el nombre de Pranava. Aprendiendo a respirar, el pensamiento sigue al flujo de la respiración.

Meditar es un acto de deleite, de infinita elevación. Si se medita con simiente es decir, con objetivo, en aquello que causa alegría se produce un impulso hacia delante. Por la meditación debemos identificarnos con lo mejor que hay en nosotros, con el Ser Inmortal que estamos creando.

Los mejores momentos para la meditación son las horas de la mañana, nunca de la noche. El ideal de la meditación es realizar todos los actos de la vida como si se estuviera meditando, o sea, en contacto con el Ser Superior.

La Japatación es la meditación en los nombres de Dios. Hay que sentir a Dios como se siente la música que hace vibrar. La meditación puede ser rúpica o sea con forma, o arúpica, es decir, sin forma.

La mayoría de la gente no sabe nutrirse de su propia substancia. Paz de espíritu y equilibrio interior son necesarios, sin perder el objetivo de lograr lo máximo, disfrutar del banquete de la vida sin identificación. Lo que ya está creado primero en la mente es lo que se puede alcanzar. La falta de energía y de vitalidad se debe a la carencia de ideales. Pero no se puede lograr lo que uno anhela si no se tiene una visión profunda y completa de sí mismo.

A la hora de enviar energía a alguien, la distancia física no importa. Un bloqueo vibratorio del individuo puede impedir la recepción por la persona necesitada, un estado de negatividad de la propia persona o de los que les rodean.

La Biblia dice "Su palabra nunca retornará vacía". Esta es la gran respuesta a la cuestión ¿Qué sucede con la energía que es enviada a alguien si esa persona en concreto no la puede recibir? Por supuesto, regresará a su fuente primordial de emanación.

Para lograr la liberación, la Doctología nos alerta que necesitamos:

Pensar bien

No guardar rencor

Aprender a perdonar

No ser cruel con uno mismo

No asociarse con un yugo irregular

El arbol Bogai del panteón hindostánico tiene sus raíces en el cielo y las ramas en la tierra. Así nuestro cuerpo externo y la personalidad deben nutrirse de la raíz del ser interno, mientras habitamos en el mundo físico.

Por lo tanto, el Hierofante tiene poderes sublimados a través de la Iniciación en los Altos Misterios, que transmite con su cetro de poder y con su sabiduría nos indica que la religiosidad es devoción con comprensión de la verdad. Símbolos como la cruz, la liturgia de la Misa y otros se repiten en las diferentes antiguas religiones. También la idea del mito Solar y el Salvador, nacido de una virgen y en un pesebre, que posteriormente pasan por sacrificio, muerte y resurrección.

Todas las religiones verdaderas parten de un mismo tronco común, del Arbol de la Vida. Proceden de antiquísimas tradiciones surgidas en la Atlántida y la Lemuria y de sistemas planetarios diferentes a la Tierra.

Concluimos que el cristianismo es sincretismo de un conjunto de religiones anteriores. Por eso existen también ciertos paralelismos entre las Escrituras Sagradas de diferentes tradiciones culturales y religiosas de toda la Historia y Geografía del planeta.

Para los antiguos helenos el Mito del Minotauro utiliza el simbolismo del hilo de Ariadna para ayudarnos a salir del laberinto de la confusión en el mundo material en que vivimos, nos movemos y tenemos nuestro ser.

Poner a Dios por delante. Postrarse ante El, humillarse ante El, es toda una experiencia de divinidad. Es lograr divinizar el Yo personal por rendir toda nuestra individualidad ante la Majestuosidad de Su Grandeza.

"El que conmigo no calcula, calcula mal" como declarase enérgicamente el Supremo Avatar de Vishnu, Sri Krishna.

Entre el Universo Material y el Cosmos está el Universo Kali. Universo Material equivale a masa-energía-espacio-tiempo. Universo Kali es el mundo de antimateria rodeado del anillo de fuerzas negativas. Este Universo Kali es responsable de los cataclismos. Lo que se denomina como "el carajo" está literalmente cargado de energía negativa acumulada. Con ese nombre se denominó a dos islas diminutas frente a las costas de Madagascar en África.

Tal y como nos enseña el Avatar, Maron Athos, "el conocimiento es una cadena de unión. Todo el que hace el esfuerzo puede alcanzar la liberación en esta vida. La iniciación es el mecanismo para acelerar el proceso que lleva a la creación de almas conscientes y por tanto a la liberación".

Y el Señor de la Historia agrega: "Es muy buena práctica el dar conscientemente gracias a Dios. Ello exige en primer lugar, analizar qué razones hay para darle gracias. Al mismo tiempo se puede observar que nos falta y cuanto nos sobra."

CAPITULO 9

"En el hombre la naturaleza se hace consciente de sí misma. El instinto es el baluarte energético por excelencia" - Antiguas civilizaciones y concepción mistérica del Universo.- El Esoterismo a través de la Historia y la Palabra Perdida.- Ocultura y su trascendencia cultural oculta.- El Existencialismo Esotérico.

El sistema de pensamiento llamado a través de los siglos Esoterismo, ha recibido también otros nombres como Ocultismo, Hermetismo, Ciencias Ocultas, Teosofía, Gnosis.

Cuando la señora Blavatsky, fundadora de la Sociedad Teosófica, escribió la "Doctrina Secreta" e "Isis sin Velos" ya existían y habían existido previamente otras muchas organizaciones esotéricas que partían o se inspiraban de un modo más o menos remoto de "El Kybalión", obra atribuída a Hermes Trimegistus, también llamado el Tres Veces Grande. El Kybalión o Tabla de la Esmeralda contiene las Siete Leyes o Principios fundamentales que rigen nuestro Universo. Mme. Blavatsky obtuvo su conocimiento de las fuentes tibetanas y de los Maestros Morya, Kut-Humi, Mahachohan, entre otros y el lenguaje criptográfico sensar, la lengua secreta de "Las Estancias del Dzyan", al leer y descifrar ese libro en el que basa la "Doctrina Secreta". Por esto la palabra perdida de la Escuela Esotérica Oriental es sensar.

La Palabra perdida es lo que ha permitido a los esoteristas de todos los tiempos identificarse y comunicarse de una organización esotérica a otra. De una sociedad secreta a una Orden iniciática y así sucesivamente, desde la más remota antigüedad hasta nuestros días.

La palabra perdida se forma a partir de todas las palabras de pase de todas las escuelas ocultas. El que posee la palabra perdida puede abrir todas las puertas porque esa es la llave.

Entre los Rosacruces la palabra perdida es Elías Artista. Esto hace referencia por una parte a los personajes bíblicos que no murieron: Melquisedec y Enoc. El Hierofante, Pontífice y Patriarca Melquisedec nunca tuvo nacimiento físico en la Tierra y puede esto dar a inferir que se trataba de una entidad extraterrestre, uno de los Kumaras vernidos junto al Sanat Kumara de la cadena del planeta Venus. Elías el Profeta fue transportado al cielo en un carro de fuego según el relato bíblico. Por otra parte, la palabra Artista nos retrotrae a la antigua tradición rosacruz de considerar la alquimia como arte.

Dentro del Martinismo la Palabra Perdida es Isaac Laqueden, el judío errante.

Los Templarios interfertilizaron el Cristianismo místico con el Islam a través del Sufismo. El gran mártir de la Orden del Temple fue un personaje muy mal interpretado, el caballero Jacques de Molay, que murió en la hoguera. El macho cabrío de Mendés, mencionado y definido en las obras cabalísticas no era otro que Baphomet o Bafomet, un macho cabrío coronado con una mitra. La mitra representa los dos cuernos, la Sabiduría y el Poder. Así la palabra secreta entre los templarios es Baphomet, que a su vez no es sino un disfraz del nombre de Mahoma, profeta fundador del Islam.

Como hemos expuesto en Ocultura, el conocimiento de la Alta Magia produce poder y es la vía para el desarrollo de los poderes inherentes al ser humano.

La Orden Interna de la Aurora Dorada (Golden Dawn) fue una orden mística, alquimista y cabalista. La señora Blavatsky, en su día, designó un enlace entre la Sociedad Teosófica en su aspecto esotérico y la Golden Dawn.

En nuestra escuela del Camino de Desarrollo de la Internacional de la Iniciación (del Quinto y Sexto Poderes) recibimos las líneas esotéricas de estas organizaciones y se concreta en el Cuarto Camino de G.I. Gurdjieff, a través de quien nos llega la iniciación de la Escuela Esotérica Sarmang, de Turquía, heredera de las doctrinas de Zoroastro, el origen de la Gnosis.

Otra organización de carácter esotérico es la Astrum Argentum, o Astro Plateado. Esta se diferencia del Ordo Templis Orientis u Orden del Temple en que en la Astrum Argentum, cada miembro que alcanzaba el grado de Superior Desconocido tenía el derecho a escoger a otro que habría de alcanzar el mismo grado que él. En el Ordo Templis Orientis, habría sin embargo nueve que se conocerían sólo en células de tres y cada uno de ellos personalmente conocería al Iniciador Único.

Mi Maestro personal, Sar Telémako, Johannes Müller Rider, discípulo del doctor Arnold Krümm-Heller, el Maestro Huiracocha, escogió al autor de esta obra y éste recibió de Sar Telémako el anillo sucesorio, pantaclo de sucesión jerárquica en la Gran Obra.

Hay una anécdota curiosa referida a la muerte de la señora Blavatsky. Cuando ella desencarnó, se hallaba lejos de Annie Besant y tras su fallecimiento, Besant acudió a organizar los textos restantes del último tomo de La Doctrina Secreta. Al hacerlo también tomó y llevó consigo el anillo de Blavatsky, en su condición de cabeza externa de la Escuela Esotérica de Teosofía.

Pasado el tiempo, Annie Besant se hallaba pronunciando un discurso en Hyde Park, cuando una niñita se le acercó y dijo estas enigmáticas palabras: "ese anillo es mío, yo nunca te lo dí". Annie Besant jamás volvió a ver a la niña pero a partir de entonces parece que dejó de usar aquel anillo.

Solamente a través del contacto con aquél que tiene la sabiduría y el poder se puede seguir el hilo de Ariadna que lleva al conocimiento. Montaigne dijo: "he aquí un collar de perlas, todo para tí, pero en él no hay nada mío, excepto el hilo que une las cuentas".

Pitágoras fue el creador de la Escuela Esotérica original, en Crotona, en la península itálica. La palabra esotérico significa oculto, secreto. Pitágoras puso en el frontispicio de su Instituto un letrero que decía "eskato bebeloi" que significa "fuera los profanos". También situó otros letreros que rezaban así. "No entre aquí nadie que no sepa mucho de matemáticas" y posteriormente ordenaría que agregaran las palabras "y de música." Los alumnos entraban primero como oyentes de la Escuela (akustikoi). Recibían enseñanzas de gimnasia, musica y matemáticas. Esta era la etapa probacionista o externa.

El Camino del Desarrollo utiliza como parte interna la escuela. En una Iglesia de tipo Gnóstico se hace siempre gran énfasis en el conocimiento, que se alcanza por la Iluminación. Una de las grandes cabezas de la Gnosis fue Mani o Manes, profeta y herisarca que creó un sincretismo entre el Cristianismo y el Zoroastrianismo, la antigua religión de Ur (Mesopotamia, en la zona de Irán e Irak). Entre los Padres Gnósticos de la Iglesia se destacan, Orígenes, San Clemente de Alejandría, San Agustín de

Hipona, que siguieron el legado de Marción, Basílides, Valentino y otros menos conocidos pero no menos preponderantes. Allí surgió la raza aria y la expresión del bien y del mal, de los opuestos, en la forma de seres arihmánicos y luciferinos. Los conceptos de ángel y demonio proceden del Zend Avesta, la escritura sagrada zoroastriana. Los ángeles Miguel, Gabriel, Rafael, Ezequiel, Uriel y Daniel lucharon contra el arcángel Luzbel que se había rebelado, aspirando a ser como Dios. Nuestra lucha es contra las potencias de las tinieblas, decía San Pablo. El sincretismo entre la religión persa-zoroastriana y el cristianismo gnóstico se hace evidente.
El espejo como símbolo de las Escuelas Iniciáticas surge de las mismas tradiciones.
Madame Blavatsky da un ejemplo acerca del poder de la Magia Blanca frente a la Magia Negra, al relatar lo sucedido en Nueva Orleans, durante su visita a un templo vudú, cuando la paloma, un elemental creado por Blavatsky, devoró a la mariposa negra creada por el Gran Hechicero vuduísta haitiano.
El Consejo rosacruz de solaz, la Catedral del Alma y muy en especial, CHISPA (Cenáculo de Hermanos Invisibles de Sabiduría, Poder y Amor) es un grupo de grandes Seres espirituales que se mantienen en oración en diferentes horarios todos los días de la vida. El Círculo místico de oración de las Iglesias Ortodoxas Gnósticas y Católicas, es un grupo de personas, miembros del Camino de Desarrollo que colaboran con CHISPA, orando por turnos rotatorios a cierta hora determinada, semanalmente. Hay grupos enteros en el mundo que reciben esta instrucción de orar. Existe una Jerarquía planetaria, formada entre otros por los Chohanes, Dyan Chohanes o los Siete Espíritus Poderosos delante del Trono de Dios. La fuerza cósmica, unidad a la Jerarquía Planetaria, dirige la obra de los Maestros. Cuando estamos en el Camino de la luz, podemos desarrollar nuestras potencias internas que canalizan la fuerza cósmica, para transmutar el sufrimiento y el dolor en el mundo en que vivimos, contribuyendo a la realización del plan de Dios en la Tierra. Vemos aquí la diferencia entre el transmutar el transformar. Transmutar es cambiar de naturaleza. Transformar es cambiar de forma.
Dentro de esta Jerarquía planetaria existen los Lipicas o señores del Karma, los cuales proceden de otra línea de evolución angélica y que son evocados para producir la transmutación.

Los panditas indostánicos instruían acerca de que el dolor debe ser trascendido, igual que el placer. Son sólo reacciones que deben ser sustituidas por la no adhesión a las formas materiales existenciales Decía mi Maestro Sar Telémako: "Si quieres alcanzar algo pronto, siéntate en el banco de la paciencia". Y agregaría después: "Cuando se establece un juramento o pacto de fidelidad a la obra gnóstica y mistérica de los Maestros en el Camino del Desarrollo, hay que aprovechar la oportunidad, porque no se encuentra otra vez en la vida, en siete vidas consecutivas."

Cualquier monasterio o escuela genuina, tendrá que seguir una fuerte disciplina interna, no rígida, exigente aunque no tiránica, profunda y nunca superficial porque de ahí vienen los resultados de progreso espiritual y psicológico.

Por medio de la Devoción a Ishvara, o sea, a la Mente Infinita de Dios, se alcanza el conocimiento de Ishvara, que evidencia la sabiduría divina.

LAS CIVILIZACIONES. DE LA DECADENCIA DE OCCIDENTE Y LA OCULTURA UNIVERSALIS

Spengler y Weber, ambos teutónicos en su pensamiento, siguen la línea de Hegel y Kant respectivamente al enunciar sus postulados. Para ellos los hombres individuales son las células de una civilización. Existen células de clases muy variadas. Hay campesinos y agricultores que como las células de los órganos digestivos, tienen el deber de preparar el alimento para la nutrición del organismo en su conjunto. Existen comerciantes, que como las células sanguíneas distribuyen los varios productos del organismo en todas sus partes. Hay albañiles, constructores y arquitectos que construyen las ciudades, los pueblos, las fábricas o líneas de comunicación correspondientes a los diversos tejidos y órganos. Hay soldados y policías que como los productos almacenados de las glándulas suprarrenales, están preparados para actuar en defensa de todo el organismo cuando éste se encuentre en peligro.

Existen científicos, inventores y pensadores que representan las células de la corteza cerebral y de la máquina intelectual. Hay poetas, artistas y místicos que corresponden a aquella parte del sistema nervioso, conductora de la vida emocional. Y finalmente, los criminales de todos los rangos, que desempeñan un papel semejante al de las sustancias tóxicas que dan origen a la patología de la enfermedad.

Las funciones principales dentro del organismo de una civilización han sido explicadas de modo simplificado en la idea de las castas que ha servido de ideal estructural de la sociedad en diferentes épocas. En su origen, las castas medievales de la clerecía, caballería, burguesía y paisanaje, o las correspondientes castas hindúes de brahmanes, ksatriyas, vaysias y sudras, eran expresiones de las verdaderas funciones de los hombres individuales como células de un gran organismo.

El hecho principal es que cada una de las varias funciones orgánicas debe en una civilización realizarse por un grupo definido, con sus propios ideales y disfrutando de una armoniosa relación con todos los demás grupos. Si esto parece imposible o utópico es solamente una indicación de los males de nuestra sociedad del presente. La civilización perfecta sería una en la que los diferentes grupos estuvieran dispuestos en una jerarquía ascendente, según el tipo de energía que concierne a sus deberes.

Ha habido a lo largo de la historia, hombres con espíritus conscientes que están relacionados con otras dimensiones del Universo y pueden influir y levantar a miles y hasta millones de hombres comunes. Estudiando la escala de la historia vemos que son estos hombres con espíritus conscientes los que originan civilizaciones. La vida y la labor de los hombres conscientes representan la concepción de una nueva cultura.

Para la concepción de una cultura como para la de cualquier criatura viviente, se deben encontrar condiciones adecuadas y tiempo adecuado. Primero debe haber un suelo fértil, espacio libre, fresco. Al mismo tiempo este suelo debe mostrar signos de nueva vida. Debe tener un calor natural y un vigor propios. Debe ser rico, sano y fértil.

Todas estas condiciones se refieren al factor pasivo o femenino de la concepción de una cultura, al suelo en el cual se ha de sembrar. Sin embargo, lo imprevisible es el elemento activo o masculino en el advenimiento de una cultura. El germen masculino viene de un nivel muy alto de Escuela Esotérica y en la persona de un hombre real y extraordinario, un fundador de espíritu consciente.

La esencia del hombre es toda la corriente de su sangre, desde la concepción hasta la muerte. Y el alma del hombre es la suma de

todas las energías que tienden a crear consciencia en él, el total de todos aquellos momentos en que ha estado realmente consciente de su propia existencia y de su relación con el universo que lo rodea.
Así como el hombre tiene alma y esencia, así también en las civilizaciones o culturas podemos definir una esencia un alma. ¿Qué es la esencia de una civilización? Se expresa a sí misma en su arte, literatura, música, maneras, costumbres, intereses, ideales, debilidades, modas, vestidos, posturas, gestos, etcétera. Todas estas cualidades deben ser estudiadas juntas para lograr entrever la esencia pura que se halla detrás del mismo modo en que los atributos correspondientes a un hombre individual deben verse juntos para tener noción de su esencia individual.
La esencia de una cultura es muy difícil de definir de modo exacto, pero nociones sumamente interesantes de una cultura son proporcionadas por los monumentos artísticos de una civilización, sus instituciones su modo de transmitir las ideas. Los monumentos característicos de la civilización romana son sus grandes obras públicas, sus caminos, acueductos y anfiteatros; su institución característica es su código legal y su sistema de administración, al igual que su modo de transmisión de ideas es mediante el orden público, la ley y la literatura.
En otro ejemplo, tenemos la civilización medieval cristiana. El monumento típico es la catedral, la institución característica es la organización eclesiástica, la transmisión de las ideas se realiza por medio de la arquitectura, la escultura y el ritual.
Un último ejemplo para definir la esencia de una civilización lo da la cultura del Renacimiento., con la Universidad como monumento, el humanismo como institución y la pintura naturalista como medio de transmisión de las ideas. Vemos así como la esencia de una civilización es permanente o innata en la naturaleza de una cultura.
¿Y qué es el alma de una cultura? Su alma se compone de la totalidad de las almas de sus criaturas. La suma de todos aquellos hombres que durante el término de una determinada cultura han adquirido consciencia. El alma de una civilización se alimenta en cuatro formas: los tres caminos tradicionales llamados ascetismo, misticismo y filosofía, por medio de los cuales el hombre deviene consciente y desarrolla un alma individual y propia. Y el Cuarto Camino por medio del cual el hombre deviene consciente en todas

sus funciones, introduciendo la consciencia en todos los aspectos de la vida, y nutriendo el alma de la cultura en la que se desarrolla o actúa.

ESTRUCTURA ACTUAL DE LAS ESCUELAS INICIATICAS. PRACTICAS OCULTAS.

La máxima mística mistérica es el legado: lo oculto es secreto y lo secreto es oculto.

El conocimiento es homogéneo. La inteligencia es un fenómeno universal y como decía Francis Bacon, es iluminación por la intuición cuando armoniza y sintetiza la memoria, la imaginación y el raciocinio. Mediante una entonación vibratoria a nivel mental se puede llegar a la transmisión incluso sin conocer la lengua del país. Se puede entender el sensar, lengua sagrada de Las Estancias del Dzyan, base de la Doctrina Secreta.

Para ponerse en contacto con las energías invisibles por medio del antenaje, se orientan primero adecuadamente las glándulas pituitaria y pineal. Primero se hace una reverencia al deva o ángel de la nación, junto con una oración dirigida a él. A partir de ahí el deva lo orienta a uno hacia donde él se encuentra.

Aplicar la impersonalidad significa no poner el Yo por delante. Seguir el Camino hacia Dios, con humildad y honestidad humillarse ante Dios, creando el tiempo vivo.

De esta manera contactamos al Cónclave Iniciático Universal: La Gran Logia Blanca que se halla en todas partes. Agartha, Shamballah, Asgard.

Y para eso entendemos que sacrificio quiere decir etimológicamente oficio sagrado, realizado con gozo, con propósito elevado, con impersonalidad, desinterés y renunciación.

Para encontrarse con el Maestro no hay que ir lejos físicamente. Cuando el Maestro aparece lo hace en la proximidad de su propio ser. El encuentro personal con el maestro se logra por medio de la meditación y de obras que liberen el karma, realizadas en nombre del Maestro. Todo el trabajo se realiza en aras de un ideal. Los Maestros enseñan el camino mostrando el rompecabezas pero uno tiene que armarlo.

Nuestro planeta vive una involución hacia el mal. Todo iniciado de una auténtica Fraternidad iniciática tiene contacto con el Cónclave Iniciático Universal, radicado en Agartha para obtener la fuerza espiritual que necesita.

En Shamballah hay una pared en la que se puede leer: "Cada vez que vayamos a pensar en algo, no nos debemos dejar llevar por el primer impulso., y una vez analizado, no permitir que se produzca un emoción fuerte."

El Trabajo del Tercer Ojo nos muestra que la misión del Gurudeva es una transformación social, no crear nuevas instituciones. El se niega a toda propaganda o culto; no es parte de su mensaje. En esta etapa se propone crear núcleos que fermenten la humanidad. No quiere nuevos altares sino elevar la espiritualidad en el Altar del Dios Incognoscible de la Gnosis.

Pero cuando se está en presencia de un Maestro el karma se precipita. Se aprende de la dispensación del escape de la Ley de Accidente. Esto libera el karma. Es algo totalmente nuevo porque procede de una nueva energía que está entrando en el sistema solar. La humillación delante de Dios es lo que verdaderamente limpia, como dice el Avatar Maitreya.

Y él mismo agrega: La iniciación de Ocultura es individual, sólo para los grados de Juramentados en la Obra de la Implantación de la Doctología como forma superior del conocimiento humano.

Para que esta implantación se efectúe, el Sumo Sacerdote Melquisedec nos ha mostrado la gran importancia de los arcángeles en el mantenimiento del Sistema Solar. Los ángeles y arcángeles tienen una estructura jerárquica de eneagrama. Hay nueve diferentes jerarquías celestiales. Los ángeles no tienen cuerpo astral, no tiene emociones. Por eso no encarnan en la Tierra pero ayudan en el proceso de desarrollo de la Evolución por la realización de estos dos axiomas:

1. Vivir más allá del Yo
2. Sirve al que sirve

Los Angeles y los Maestros, los ocultólogos y doctólogos invocan al Ser Supremo convocando sus definiciones semiológicas y semánticas, a saber:

Los Innombrables Nombres de Dios: Eli-Elohim, Amon-Ra, Yaveh, Allah, Awalokiteswara, Amitawa, Brahma, Vishnu,

Abraxas, el Anciano de los Días, el Señor del Mundo, el Tetragrámmaton.
Ashiata Shiemash es un profeta o enviado desde más allá del Sistema Solar que está en conexión directa con Melquisedec. Se le menciona en la obra de Gurdjieff "Relatos de Belcebú a su nieto".

LOS ARCONTES, TEURGIA Y ANTROPOGENESIS

Toda expresión del logos se manifiesta en número de tres. Son las Trinidades o Trimurtis.
Ahí aparecen los Arcontes que se manifiestan en el plano Paranirvana, el plano inmediatamente inferior de la conciencia de Dios, o sea, el Pleroma.
Los Arcontes son los siete Chohanes planetarios, los Siete Logois o siete espíritus poderosos delante del Trono de Dios. En el Libro de Enoc aparecen las Claves de Amalec. En el mundo de existencia condicionada el pleroma se manifiesta en la plérora o expansión completa, a plenitud.
El Séptimo Rayo trabaja con Saturno y el séptimo ciclo se halla bajo el dominio de Saturno. Cuando el Séptimo Rayo obra sobre el planeta y la persona está en el séptimo ciclo, antes de su cumpleaños, es una influencia muy negativa de Kali Yuga. Los últimos cinco años del siglo XX fueron los últimos cinco grandes períodos de la Quinta Raza Raíz.
El latihan es el medio para organizar los aspectos internos de nuestro ser y articularlos con la esencia de la divinidad. Identificamos el Rayo por medio del latihan y las elucubraciones del neurolingüismo doctológico.
Teurgia significa la obra de Dios, según la Gnosis. La palabra procede de dos raíces griegas Teo que quiere decir Dios y guer que significa obra. En otras palabras la acción divina.
Octava de los orificios de la cabeza para la tecnología del Existencialismo Esotérico:

1) boca: emite el habla, realiza también las funciones físicas de la alimentación.
2) nariz: respiración. Emisión de dióxido de carbono
3) oído: audición

4) ojos: vista, emociones e intelecto
5) piel: impresiones tácticas y térmicas
6) entre las cejas
7) en la coronilla

Los dos últimos son orificios suprafísicos, la salida de energía fina hacia otro nivel de existencia.
La tiroides está regulada por el planeta Mercurio. La boca, nariz, ojos y orejas reflejan aspectos intelectual, emocional y físico de los respectivos órganos.
El lado derecho de la cara refleja la personalidad, esto es la máscara, en tanto que el lado izquierdo es la esencia, reflejo de la Mónada.
Mercurio es un planeta transformador. El dios Mercurio equivale a Hermes Trimegistus, el transformador.
En los mundos superiores, la capacidad de oler es también la capacidad de ver y de percibir. Los ojos emiten lágrimas por sufrimiento pero también por emoción superior de alegría. La simetría bilateral se manifiesta en todo el cuerpo del ser humano. El orificio anal tiene relación directa con kundalini. Los poros de la piel exudan pero también absorben.
Las limitaciones del aparato cognoscitivo del ser humano son en su mayor parte adquiridas en la simulación en la lucha por la vida, ya que la retina humana sólo capta veinticuatro imágenes por segundo. Por eso, a una determinada velocidad la materia se vuelve invisible a nuestros ojos. La Antropogénesis se convierte en Homonomía.
La problemática planteada por la multiplicidad de los Yoes propicia el que muchas veces la persona no pueda reconocerse a sí misma porque ignora sus diferentes personalidades. La sabiduría produce sencillez y humildad. Lo demás es tan fugaz como falso.
El ser humano emite constantemente secreciones desde su interior: cerumen, saliva, lágrimas, sudor, caspa, mucosidades, olores, excreciones, micción. La integración de la individualidad se alcanza por el control de las substancias corporales.
Estar alineado es muy distinto de estar alienado. La mayor parte de la humanidad vive alienada, traumatizada y maleficiada, o sea, en jettatura.

En todas partes del mundo hay lugares que canalizan la energía cósmica. Su funcionamiento depende sólo de la fe. Esos sitios ayudan a los conglomerados humanos ordinarios.
El Diablo es el gran imitador. El imita la luz con el propósito de confundir. La mayoría de las organizaciones de magia negra son dirigidas por individuos sin conocimiento ni poderes mágicos.
Un cambio de cabeza es una transformación interior. En el mundo no se cumple la voluntad de Dios, excepto cuando se lleva a efecto en cada uno de nosotros. Por ello rezamos para que se produzca su cumplimiento en la oración del Padrenuestro, en proyección a la era de Acuario.
En el pasado el Hurín y el Tumín son los nombres dados a dos iniciaciones en Ocultura Universalis. Son al mismo tiempo los símbolos de los Hierofantes del Antiguo Testamento.
El Magnetismo y la contaminación impiden la apertura y por tanto el latihan que a su vez produce el despertar. Un estado óptimo vibratorio es indispensable para alcanzar un nivel máximo de conciencia y de ser. Lo primero negativo que hay que abandonar es el pasado. Hay quien vive en el pasado. Símbolo de la ecuación para transformar el pasado: Alfa 3.
Hay que purificar todas las formas de karma de las cuales participamos. En primer lugar, el karma personal, pero también el racial, nacional, mundial y planetario.
Dios, la Vida y el Destino nos dan una oportunidad IRREPETIBLE.
El dominio físico exterior crea la habilidad humana que permite romper las limitaciones. Hay diferentes clases de entrampamientos en que un individuo puede caer:

La pseudo-religión (falsedades bíblicas o de otros libros supuestamente sagrados o convencionales)

La falsa ciencia

La falsa sociedad

La falsa política

Esto se resume en "la simulación en la lucha por la vida", frase que daba título a una obra de José Ingenieros. La hipocresía nunca conduce al desarrollo. El famoso lema "Gnosce te ipsum" significa conócete a tí mismo y es la clave para el desenvolvimiento espiritual.

"Llega a ser lo que eres" decía San Ambrosio. Y el insigne pensador español, Jacinto Benavente, decía que "disgustarse es pensar con el hígado".

Para crear el alma inmortal debe primero romperse la mecanicidad

Consciencia..................... Cósmica
Conciencia...................... Humana
Intuición........................ Solar
Inteligencia .... Planetaria
Mente Abstracta............... Planetaria Superior
Mente Objetiva................. Planetaria Inferior
Recuerdo o memoria........... Plano causal
Mente reactiva.................. Plano mental inferior
Mente analítica.................. Plano mental superior
Sensibilidad...................... Plano astral
Percepción........................ Plano físico

EL ENEAGRAMA DEL EXISTENCIALISMO ESOTERICO

Es un propósito dividido en nueve partes. Se puede aplicar a todo proyecto o empresa en la vida, ya sea a buscar un trabajo o a lograr la liberación.

El Eneagrama se compone de los siguientes nueve pasos:

1) Propósito. Debe estar bien delineado y definido

2) Cómo lograrlo. La distancia más corta entre dos puntos es siempre la línea recta. Esto es muy difícil de encontrar en muchas ocasiones. Representa un ahorro de energía y de fuerzas.

3) No contaminación. Apartarse de lo que impide lograr el propósito.

4) Vencimiento del peor obstáculo. Para ello por supuesto, hay que identificarlo claramente primero.

5) Imaginería o ingeniería de la imaginación. Significa crear un arquetipo mental que conduzca al logro.

6) Tiempo vivo: medir en factores de tiempo que no son materiales.

7) Trascender el tiempo y el espacio pasando por todos los subplanos del plano físico (sólido, líquido, gaseoso y etérico, hasta llegar al éter reflector que es la memoria de la naturaleza).

Trascender la octava de lo que estamos buscando nos lleva a la consecución del punto noveno, que es en definitiva, el noveno hito.

ESCUELAS DE ESOTERISMO EN LA HISTORIA Y EN EL MUNDO

La influencia positiva del planeta Neptuno impulsa a los hombres a buscar un camino nuevo, una nueva idea, una búsqueda hacia lo desconocido. A lo largo de la historia vemos como estos hombres que son tocados por la influencia positiva de Neptuno han dejado marcas de su existencia al organizar "Escuelas de Ocultura Universalis". Estas Escuelas se enfrascan en labores externas que dejan su huella externa, como la construcción de los templos, la redacción de escrituras, la conducción de investigaciones científicas, gracias a todas las cuales queda indicio de las épocas en que hubo algunos hombres superiores en grado de consciencia.

Las Escuelas Mistéricas siempre han existido en una u otra forma a lo largo de la Historia. Los hombres que han alcanzado el objetivo de las escuelas pueden aparecer como figuras famosas externas, como por ejemplo, sacerdotes, santos, pintores, arquitectos. En otras épocas las escuelas se mantienen ocultas concentradas en forma de sociedades secretas.

No importa la época, la germinación o regeneración de los hombres sólo puede iniciarse en un medio imperturbado y favorable apartado de interferencias exteriores. Existen tres caminos tradicionales por medio de los cuales el hombre puede devenir consciente y desarrollar su alma individual propia. Y existe un camino oculto por medio del cual el hombre logra devenir consciente y desarrollar el alma inmortal

Los caminos tradicionales y las escuelas que enseñan sus métodos en el mundo dependen de la idea de desarrollar la consciencia primero en una función particular para así encontrar la consciencia de todo su ser, integrando su alma inmortal.

Los tres caminos tradicionales son:

1) Ascetismo o control de la función instintiva y motriz. Se logra así la consciencia por el dominio de las funciones físicas, por la superación del dolor. Es transformar el dolor en voluntad.

2) Misticismo o control de la función emocional. Se obtiene de esta forma la consciencia venciendo el temor. Es transmutar el temor en amor.

3) Ideología o control de la función intelectual. De este modo se alcanza la consciencia por la superación del pensamiento. Es la transmutación del pensamiento en comprensión, liberarse de los puntos de vista subjetivos y adquirir comprensión objetiva.

Estos tres caminos tradicionales capacitan al hombre para crear tres clases diferentes de alma, por decir así, alimentando la gran alma de la cultura pero sin integrarlo en un todo.

Para la completa integración existe un sistema acorde con el tercer milenio y sus características que es la Doctología. Consiste en el dominio de las funciones instintiva, emocional e intelectual, transmutando el dolor, el temor y pensamiento en sus contrapartes más elevadas, voluntad, amor y capacidad cognoscitiva. Mediante el Existencialismo Esotérico se armonizan las funciones del hombre en su desenvolvimiento espiritual. De este modo la plena consciencia que se desarrolla en la Ocultura Universalis es una conciencia integrada.

El hombre que ha trabajado con el Quinto y Sexto poder deviene consciente en todas sus funciones y así la consciencia iluminará todo cuanto a él acontece.

Las Escuelas de Ocultura Universalis, como escuelas esotéricas deben ser dirigidas por hombres preparados, en contacto con fuentes superiores de poder y conocimiento, dedicando toda su energía a la obra de transformación espiritual de la Humanidad y los demás reinos de la naturaleza.

Por ese medio sólo el hombre puede crear un alma consciente. En el verdadero camino del desarrollo, algo viejo debe morir, para que pueda nacer algo nuevo. Los pasos a seguir son:

a) Destruir la antigua personalidad o conjunto de yoes ilusorios, elementales y antagónicos.

b) Adquirir un alma inmortal, cristalizada más allá de la consideración del tiempo y del espacio del mundo físico.

Para destruir la antigua personalidad hay que pasar primero por un proceso de autopurificación, por el cual se elimina lo que no se quiere conservar permanentemente (estados físicos desarmónicos, emociones dañinas, deseos incontrolados, pensamientos maliciosos, temor y egoísmo).

Métodos y ejercicios tántricos se utilizan para alcanzar cada aspecto de esta autopurificación en las diferentes funciones física, emocional y mental. En todo caso siempre el trabajo sobre sí mismo requiere dos cualidades: indiferencia (adyasa) y práctica constante (vairagya). Esta es la entrada a los ulteriores caminos en los otros planos sutiles del universo utilizando las energías despertadas de los vehículos de conciencia traslúcida.
En el momento en que se logra destruir la antigua personalidad se está entonces preparado para que el Hierofante Iniciador implante en el discípulo el alma inmortal y por medio de su guía y su enseñanza se puede fortalecer ese puente entre la esencia pura y el Yo real, para lograr la liberación de la rueda de la reencarnación.

CAPITULO 10

"En Ishvara el Grurudeva, el germen del conocimiento se expande al infinito" - La Metafísica, la Alquimia y las Espirillas, los Chakras y los Nadis.- La Química Oculta.- Metamorfosis de la Flor de Loto.- El homo sapiens llega por la Iniciación cósmica a la consumación de la Vida.

La obra titulada Química Oculta es un compendio de las observaciones clarividentes descritas por C. Leadbeater y A. Besant y presenta un paralelo entre la ciencia convencional y el Ocultismo. Según la ciencia de laboratorio, hay tres estados primordiales de la materia: sólido, líquido y gaseoso. El Ocultismo, sin embargo, habla de un cuarto estado, el etéreo, subdividido a su vez en subestados, con arreglo a su grado de mayor a menor densidad: etéreo, subetéreo, subatómico y atómico. El éter agrupa genéricamente cuatro estados de materia, de los cuales el superior es común a todos ellos y está constituido por el ultérrimo átomo físico, al cual se reducen todos los elementos.

Las propiedades químicas de los cuerpos dependen de la naturaleza, el número y la ordenación de los átomos que integran sus moléculas. Desde un punto de vista oculto, sin embargo, las propiedades físico-químicas de los cuerpos dependen de la naturaleza, el número y ordenación de los átomos, pero no de su naturaleza, pues todos los átomos ultérrimos de la materia física son exactamente idénticos.

El estudio clarividente de los elementos químicos fue realizado tomando un átomo gaseoso y por sucesivas subdivisiones, se llegó hasta su átomo físico ultérrimo, de cuya disgregación resultaría materia astral y no física. La visión astral percibe materialmente el éter y ve como penetra todos los cuerpos y envuelve cada una de sus partículas. Los sólidos pueden definirse con arreglo a su aspecto astral como partículas flotantes en el éter que vibran velozmente con una fuerza de atracción que los mantiene coherentes.

El elemento base de la Química es el hidrógeno, que el Ocultismo describe como constituido por dieciocho átomos ultérrimos. Tomando el hidrógeno como base y describiendo la composición de otros elementos más complejos como el oxígeno y el nitrógeno, el Ocultismo logró determinar el peso atómico de elementos que la ciencia de laboratorio no había logrado conocer aún en su tiempo. La Química convencional no explica claramente por qué el hidrógeno es la base de todos los elementos. De acuerdo al Ocultismo los átomos etéreos se combinan de muy diversas maneras para formar átomos químicos, pero las combinaciones formadas por un menor número de átomos que los dieciocho del hidrógeno, no impresionan los sentidos físicos ni los instrumentos de investigación y por esa razón no son detectables.

El señor Leadbeater y la señora Besant visualizaron en forma clarividente el número de átomos ultérrimos de cada uno de los elementos conocidos. Determinaron el peso atómico dividiendo el número de átomos ultérrimos por el número dieciocho utilizado como una constante básica por corresponder al Hidrógeno. Obtuvieron en el caso del oxígeno la cifra 16.11, es decir los 290 átomos ultérrimos, divididos por 18, cifra muy aproximada al 15.88 obtenido en laboratorio. Siguieron un procedimiento similar con el nitrógeno, siendo 261 los átomos ultérrimos que divididos por 18 dieron como resultado un peso atómico de 14.5, muy parecido al 13.93 obtenido en laboratorio.

Dado que el átomo ultérrimo es el mismo en todos los elementos, lo que determina la formación de un elemento determinado es la ordenación, el número y el tipo de energía en movimiento que los impulsa. Hay dos clases de átomos ultérrimos: positivo o masculino y negativo o femenino. La diferencia entre positivo y negativo viene dada por la dirección de las espiras que lo forman y la energía que fluye por las mismas.

En los átomos masculinos la energía proviene del exterior y atravesando el átomo penetra en el mundo físico. Es un paso de energía del plano astral al plano físico, un manantial que vierte energía sobre el plano físico.

En los átomos femeninos, por el contrario, la energía proviene del interior y atravesando el átomo penetra en el plano astral. La energía se transfiere del plano físico al plano astral, en otras palabras, absorbe energía del plano físico. Esta energía es la llamada Fohat o energía vital, de cuyo flujo está formado todo átomo ultérrimo.

F.W. Aston, Premio Nobel en Química en 1922, tomó la idea de los isótopos de los gases raros de la "Química Oculta" de Besant y

Leadbeater donde se mencionan el meta-neón, metargón, meta-kriptón y otros. El incluso adoptó el nombre dado por ellos de meta-neón (al que Besant y Leadbeater atribuyeron un peso atómico de 22.33) para el isótopo de neón.

Hay muchas modalidades de energía Fohat, como por ejemplo la electricidad, el calor, el magnetismo y las demás fuerzas del plano físico. Cuando Fohat abre agujeros en el espacio, aparecen los átomos.

El átomo ultérrimo está formado por diez espiras, tres de ellas gruesas, giran alrededor de un orificio, volviendo a su origen por una espiral interior del átomo. Las otras siete son más sutiles y pasan por la superficie exterior de la primera espiral. Cada una de las siete espirales más finas se compone de otras siete aún más sutiles colocadas sucesivamente en recíprocos ángulos rectos y reciben el nombre de espirillas.

Por las tres espiras gruesas fluyen las corrientes de varias modalidades de electricidad. Las siete espiras sutiles vibran en respuesta a ondas etéreas de toda índole: sonido, luz, calor, etcétera. Estas espiras sutiles dan los siete colores del espectro de la luz y los siete sones de la escala musical.

Al estudiar la composición de los átomos se comprende que el principio de correspondencia "como es arriba, así es abajo" se aplica a todo, aún al átomo ultérrimo físico. Se comprueba que existe una analogía entre nuestros átomos ultérrimos y el Sol. El átomo es el sol en miniatura en su propio universo indescriptiblemente diminuto. Los diez números del Sol reciben el nombre de Dis o fuerzas difundidas por el espacio, tres de las cuales se contienen en el Atma del Sol y siete son los Rayos que éste emite.

Cada una de las siete espiras más sutiles del átomo ultérrimo está relacionada con uno de los Logos planetarios de modo que cada Logos ejerce directa influencia en la materia constituyente de todas las cosas. Se entiende que las tres espiras gruesas por donde fluye la energía de Fohat en su aspecto de electricidad se relacionan con el logos del Sistema Solar. Un antiguo tratado de Ocultismo habla de un fluído espiritual incoloro que por todas partes existe y es el fundamento de nuestro sistema solar. Como su sustancia es diferente de cuantas se conocen en la Tierra, los hombres al mirar a través de ella creen en su ignorancia que es espacio vacío.

Cuando Fohat o energía vital abre agujeros en el koilón, aparecen los átomos. Se llama Koilón a esa forma de materia que llena lo que acostumbramos a llamar espacio vacío. Es incomparablemente más denso que todas las substancias conocidas. En realidad no hay ni un punto de espacio vacío en el infinito universo. Cabría esperar que la materia física de nuestro mundo fuese una condensación del koilón. Sin embargo sucede todo lo contrario, la materia no es koilón sino la ausencia de koilón. La materia es nadidad. Es el espacio resultante de rechazar una sustancia infinitamente densa.
Así cuando decimos que Fohat abre agujeros en el koilón, efectivamente se trata de orificios en el espacio, esos orificios son como burbujas huecas de las que se componen los cuerpos sólidos de nuestro universo. ¿Cuál es la energía capaz de levantar burbujas en una sustancia de infinita densidad? El Aliento del Logos, una energía que llena los agujeros y los mantiene abiertos contra la tremenda presión del koilón. Están llenos de la Vida Divina y todo lo que llamamos materia en cualquier plano, está animado por la Divinidad.
Analizando esta negación de la materia, comprendemos la inutilidad de los sentidos físicos como guías de la Verdad y al mismo tiempo aparece todavía más clara la inmanencia de Dios pues no sólo están todas las cosas animadas por el Logos sino que aún la visible manifestación de las cosas es parte de El.

EL COSMOS VERSUS EL HOMBRE. LO VERDADERO SUPERA LO FALSO

Tanto Rodney Collin como su Maestro P.D. Ouspensky, transmiten la antigua enseñanza iniciática de Gurdjieff y la Escuela de la Hermandad Esotérica Sarmang. Ellos indican que al igual que el sistema solar aparece como una espiral de planetas en expansión, así también el cuerpo humano es una espiral de órganos y funciones que se expanden. La fuente de esta espiral es el corazón. Desde ahí se desdobla al timo, al páncreas, a las glándula tiroides y la paratiroides; del plexo solar con las glándulas suprarrenales pasa a la pituitaria anterior y posterior y en su circunvolución final va de las glándulas sexuales o gónadas hasta la pineal, la última y más avanzada posibilidad del organismo.

Cada planeta de la espiral del sistema solar dirige un órgano de la espiral del cuerpo humano y determina así el tipo en que tiene dominio este órgano receptivo. De ese modo, podemos concebir el cuerpo del hombre como microcosmos, un reflejo del sistema solar como macrocosmos.

La relación entre los diferentes órganos y los planetas determina los llamados tipos planetarios. En nuestro lenguaje, ciertas palabras tales como lunático, venéreo o marcial, proceden de la similitud entre el hombre y el sistema solar, conectando cada tipo con el correspondiente planeta.

Cada glándula es influenciada por el magnetismo de un planeta individual. Cuando un planeta se encuentre en el cénit, el magnetismo será más potente. A medida que el planeta desciende en el cielo, su efecto se va debilitando, hasta que llega a situarse por debajo del horizonte, en cuyo caso la resultante es pasiva, no activa.

Cada glándula tiene tres aspectos que se activan con arreglo al planeta o cuerpo celeste que actúa sobre la glándula. El primero está conectado con la raza y la herencia y se pone en acción mediante los cromosomas en el instante de la concepción.

El segundo aspecto conectado con el tipo físico se activa con el momento del nacimiento.

El tercer aspecto es solamente potencial en las glándulas. Si ha de entrar en acción en un momento posterior de la vida, dependerá del desarrollo interno de cada persona.

El timo es la primera glándula y desempeña un papel importantísimo en el crecimiento del organismo durante la infancia, estimulando el mecanismo del crecimiento. El tipo tímico es frágil, de tez sonrosada, huesos delicados.

La segunda glándula, el páncreas, controla lo relacionado con el sistema digestivo y la asimilación de la energía absorbida por el alimento físico. Se rige por la Luna y en consecuencia, tiende a la redondez, a la introspección del carácter y a la pasividad, como corresponde al tipo lunático.

La tercera glándula, la tiroides, controla la combustión del aire que se respira y está regida por el planeta Mercurio. Le corresponde el tipo sanguíneo, delgado, de rasgos marcados, activo, percepción rápida y carácter explosivo.

La glándula paratiroidal complementa a la tiroides y corresponde con el tipo venusiano que tiene tendencia a la pasividad, de tono muscular y nervios firmes, calmado, sensible.
Las glándulas suprarrenales están dirigidas por Marte. El tipo marcial es iracundo, vigoroso, enérgico y apasionado.
La glándula pituitaria posterior controla los músculos involuntarios de la porción interna e instintiva del organismo. Está gobernada por Júpiter y se caracteriza por una tipología robusta, de cabeza grande, extrovertida, y tolerante.
La pituitaria anterior incide sobre esqueleto y el pensamiento abstracto. Saturno es su regente. El tipo saturnino es de rasgos fuertes, largo de huesos, bien desarrollado, cabeza alargada, cara huesuda, de funciones intelectuales rápidas y señaladas dotes de mando
La glándulas sexuales están influidas por el planeta Urano. Rigen la función sexual con su aspecto primordial de la procreación. La música, la poesía, el arte y todo lo que se plasma a través de la energía creadora.
Por último, la glándula pineal, el asiento esencial del alma, velada y misteriosa desde el punto de vista de la ciencia convencional Está gobernada por Neptuno y en el hombre corriente no realiza una función determinada pues se halla tan sólo en potencia, durmiente.

DOCTOLOGÍA: EL EXISTENCIALISMO ESOTERICO DEL TERCER MILENIO

La Doctología es la experiencia de una serie de facultades que alcanzamos cuando desarrollamos las capacidades internas, latentes pero inactivas en la generalidad de los humanos.
El existencialismo esotérico es la formulación ideológica más auténtica del siglo XXI. La Doctología pretende que una persona alcance el dominio de lo que fue expresado por Hegel como la trampa del lenguaje. No está dirigida a personas comunes y corrientes. Se puede estar muchos años en una escuela, pero si no se siguen las prácticas, no se obtienen los resultados. Estudio, meditación y trabajo son las tres condiciones para avanzar en la Escuela de Desarrollo. Los problemas vitales de la supervivencia

diaria como la economía, la familia y el trabajo, dificultan el proceso.

La Doctología tiene un instrumento tecnológico que facilita esta ciencia del saber. El Isotelio ayuda a saber el momento por excelencia en que se debe hacer la iniciación de Doctología. El isotelio se coloca sobre el pecho para ayudar a elevar las octavas hasta llegar al nivel más alto.

Isotelio e isolabio:

El isolabio son nueve varillas unidas en una forma geométrica determinada, sujetando una bola de cristal a presión en el medio. El isolabio se usa en el interior en tanto que el isotelio es para uso en exteriores, pues trabaja con la energía solar, de Helios, el Sol.

El isotelio y el isolabio permiten conectar la mente dentro de un objetivo determinado. Se crea una imagen mental con los ejercicios y técnicas del camino de desarrollo. El sentido del equilibrio se relaciona con las glándulas pineal y pituitaria.

El isotelio es una brújula del sistema solar y del universo.

Una piedra de rayo no debe cogerse directamente con las manos. Es lo más difícil de desmagnetizar.

Enchiridión es el conjunto de las evocaciones de los genios o energías de los cuatro puntos cardinales en el planeta. Grimorio es un conjunto de oraciones o invocaciones para implorar la ayuda de la Divinidad.

El pantaclo indica los reinos de la naturaleza que actúan en cada momento, en los ciclos astrológicos, biorrítmicos y metafísicos.

La Doctología se desarrolla en tres etapas. Pasadas éstas, se produce una especialización, en disciplinas tales como tarot, cábala, alta magia y conocimiento suprasensible, parapsicología, gnosticismo, etcétera.

Doctología es existencialismo esotérico. En Doctología se trabaja de acuerdo al rayo de la Creación, al signo astrológico y la Quinta Dimensión de su enseñanza del homo sapiens; el autor ha establecido un método para cambiar el pasado en la Quinta Dimensión. En la Doctología hay un tablero y se evocan los genios, las entidades de los puntos cardinales. El isotelio es como un altar portátil que produce un efecto. Por eso el Señor de la Historia dijo que durante un milenio la Doctología será aceptada como la más alta expresión de la sabiduría planetaria.

Para alcanzar el poder por medio del conocimiento, la Gnosis, lleva al encumbramiento cuando se aprende por medio de nuestro sistema de pensamiento ontológico.
Los documentos de aplicación de las técnicas secretas de Doctología se dan sólo a aquéllos que van a desarrollar el conocimiento y el poder. Esto es un apéndice al trabajo iniciático de la Escuela del Camino de Desarrollo. En ello se verifica la máxima que dice de este modo: "Por cada paso que das en el sendero, avanza contigo el universo entero".

LA IMAGEN HUMANA DE OCULTURA Y EL REFLEJO DE LA MENTE EN DOCTOLOGÍA

Es el estudio de los signos externos de la psicología del hombre. El planeta Mercurio, con su afinidad por la glándula tiroides, regula las funciones del movimiento en el hombre. La función del movimiento actúa en base al sistema muscular voluntario del cuerpo, es decir, mediante todos los músculos que pueden moverse intencionalmente por la voluntad mental. El sistema muscular está reflejado en escala reducida en los músculos de la cabeza y del rostro, en donde toda la vida mental, emocional y física del hombre está constantemente reflejada como el movimiento.
El Sistema de Ocultura Universalis enseña que todos los cosmos están divididos en tres partes y poseen seis funciones, o potencialmente, siete. De la misma manera, la cabeza como imagen de todo el cuerpo, se divide también en tres partes:
1. parte superior, que incluye el cerebro con las funciones del intelecto, la mente y la intuición.
2. parte media, que incluye el cerebelo, a imagen del pecho como centro de las emociones, los sentimientos y las sensaciones.
3. parte inferior, se corresponde las entrañas, corresponde a las funciones físicas, instintivas y motrices.
Como ya hemos expuesto en esta obra dentro de estas tres divisiones y al estudiar el movimiento y la expresión del rostro encontramos una octava de orificios y órganos externos, por los cuales los alimentos, el aire y las percepciones se reciben en el organismo.
Los cuatro grupos de orificios ordinarios en la cabeza son:
a) la boca, que recibe la comida y la bebida, emite el habla

b) la nariz, que recibe el aire, el olor y el aroma, emite dióxido de carbono

c) los oídos, que reciben el sonido, emiten el cerumen.

d) los ojos que reciben las impresiones visuales y luminosas, emiten señales emocionales.

Además toda la cabeza y los orificios referidos están cubiertos por la piel que recibe impresiones táctiles y térmicas y emite calor físico y magnetismo.

Aparte de estos orificios, la vieja fisiología señala dos posibles orificios invisibles no desarrollados en el hombre ordinario.

1. un orificio entre las cejas (chakra frontal o tercer ojo).
2. otro orificio en la coronilla en la parte superior de la cabeza (chakra coronario).

Cuando ambos orificios llegan a desarrollarse sirven para recibir y emitir dos clases diferentes de influencia superfísica.

La disposición de los orificios en la cabeza indica su servicio primordial. Así la boca, situada en la parte baja sirve a las funciones físicas. La nariz, localizada en la parte media, sirve al pecho y a las funciones emocionales. Los ojos, situados en la porción superior, sirven a las funciones intelectuales.

La piel que cubre todo el cuerpo sirve a todas las funciones. El orificio situado entre las cejas y el de la coronilla sirven a la cabeza misma y son la salida final a otro estado de existencia enteramente distinto.

Las funciones de digestión, respiración, metabolismo, pensamiento, emoción física y sexualidad se encuentran traducidas en el rostro en movimiento o expresión.

En Endocrinología la sutileza y vivacidad del juego de expresiones posibles en el rostro está en relación directa con el rendimiento equilibrado de la glándula tiroides. Y la glándula tiroides está regulada por el planeta Mercurio, por ello el rostro es considerado el espejo de Mercurio.

Examinando cuidadosamente este espejo o instrumento de la función del movimiento, controlado por la glándula tiroides, hallamos cada vez más evidencia de su diseño cósmico.

Las formas externas de la boca, la nariz, los ojos y las orejas son comprenden tres porciones que manifiestan los aspectos intelectual, emocional y físico de las funciones correspondientes.

En los ojos, el párpado superior refleja especialmente la función intelectual; el ojo, el estado de la función emotiva y el párpado inferior, la función instintiva.
En la nariz, la parte superior muy desarrollada indica el predominio del intelecto, la de la parte central, de la emoción y del bulbo inferior y las ventanas de la nariz, del instinto.
Así como toda manifestación en el hombre puede dividirse en categorías, así también la fisiognomía comprende dos categorías: las manifestaciones derivadas de la esencia y las derivadas de la personalidad humana.
En fisiognomía, se estudia el lado derecho del rostro como espejo de la personalidad y el izquierdo, como espejo de la esencia. Es importante notar que de estar desarrollados los dos orificios invisibles situados en la línea céntrica de la cabeza, referirían al hombre como un todo o como la unificación completa de la esencia y la personalidad.
En suma, todas las expresiones del ser humano están gobernadas por principios cósmicos.

EL SIGNIFICADO DE LA DIALECTICA COSMICA, PLANETARIA Y NATURAL DE ACUERDO CON LA DOCTOLOGIA

El significado de la vida se encuentra dentro del hombre mismo. Consiste en el conocimiento. Toda la experiencia vital es conocimiento. La relación del hombre consigo mismo y con el mundo exterior es conocimiento.
Todas las facultades mentales del hombre, todos los elementos de su vida interior, sus sensaciones, representaciones, conceptos, ideas, juicios, conclusiones, sentimientos, emociones son los instrumentos del conocimiento que posee. Los sentimientos son medios del conocimiento. Debemos aprender que "toda vida es la manifestación de una parte de algún Todo, solo así se abre la posibilidad de conocer ese Todo". Por supuesto, nos referimos al Ser Supremo, a Dios.
La función del hombre es alcanzar el conocimiento y conocerse a sí mismo. Su propósito existencial es la adquisición del conocimiento de la Vida y ésta se alcanza sólo con todo el ser del hombre, con su intelecto y su emoción.

La razón es el aspecto interior de la vida de todo ser. En el hombre el desarrollo de la razón consiste en el desarrollo del intelecto y las emociones superiores: estética, religiosa, moral. A medida que el hombre evoluciona, las emociones superiores se actualizan cada vez más. El intelecto se impregna de emocionalidad y surge la espiritualidad. El intelecto se espiritualiza a partir de las emociones, las emociones se espiritualizan a partir del intelecto.

En el proceso vital de adquisición de conocimiento es muy importante el establecimiento de un yo permanente. Desafortunadamente, el yo permanente del hombre es obstaculizado por un cambio constante de emociones, cada una de las cuales se llama "yo" a sí misma y se empeña en apoderarse del hombre. Estos son los falsos yoes.

La señal evolutiva de las emociones es su liberación respecto del elemento personal y su transición a planos superiores de existencia cósmica. La facultad cognoscitiva de una emoción es proporcionalmente mayor cuando la emoción dada contiene menos elemento personal, o sea, cuando hay una fuerte comprensión de que la emoción no es el "yo". La evolución del conocimiento consiste en un retiro gradual de uno mismo. Sólo retirándonos empezamos a entender el mundo tal y como es.

Las emociones, que por su naturaleza misma dividen, extrañan y alienan al hombre, son de orden material, como el odio, el temor, los celos, el orgullo, la envidia. Las emociones que juntan, unen y hacen que el hombre se sienta parte de un TODO, como el amor, la simpatía, la compasión, la amistad, conducen al hombre fuera del mundo material y le muestran la verdad del mundo de la fantasía.

Las emociones que unen al hombre como parte de un TODO se liberan con más facilidad de los elementos personales ayudando así en la integración de un "yo" permanente. Las formas organizadas del conocimiento intelectual son: la ciencia y la filosofía, cuyo corolario es el quinto canon del pensamiento: la Doctología.

Las formas organizadas del conocimiento emocional son: la religión y el arte. Ambas son caminos hacia Dios, o sea, la Realidad Suprema en el Universo visible e invisible. El método de conocimiento de la ciencia es la observación, el cálculo y la experiencia. El método de conocimiento de la filosofía es la especulación y la deducción. El método de conocimiento de la religión y del arte es la sugestión emocional, moral o estética. La

ciencia, la filosofia, la religión y el arte empiezan realmente a servir al conocimiento verdadero cuando manifiestan la intuición, o sea, el sentir y el hallar cualidades interiores en las cosas mismas, en todo lo que vemos y percibimos. El objeto de los sistemas científicos y filosóficos es elevar al hombre a una altura de pensamiento y sentimiento en la que pueda pasar a las formas nuevas y superiores de conocimiento de las que el arte y la religión están muy próximos.
El significado último de la Vida se halla dentro del hombre mismo. El sentido de la Vida consiste en el conocimiento de la Verdad. Toda experiencia de la Vida es conocimiento.

ENCHIRIDION, GRIMORIO Y PANTACLO DE OCULTURA

Las Reglas Herméticas en el Tercer Milenio han cambiado, sin dejar de ser las mismas.

De la Tabla de Esmeralda de Hermes Trimegistus a la versión del siglo XX titulada "El Kybalión" hasta el actual Codicilo de Ocultura.

Paradigma Paradójico
Entrampamiento complejo
Dirección autoinducida
Ubicación determinista

Poder de Descarga-Poder de desate

1) Correspondencia analógica-mentalismo
2) Causa y Efecto
3) Mentalismo-Paradigma paradójico
4) Polaridad
5) Género
6) Vibración
7) Ritmo

Niveles de penetrabilidad
Exotérico-profano
Mesotérico –discípulo

Esotérico – iniciado

Grados Escolásticos:
Oyentes
Neofitos
Probacionistas
Ilustrados
Enciclopedistas
Académicos
Doctólogos

Sugiero al lector para una mejor comprensión de los sistemas y el orden de graduación, la lectura del libro del autor "Cultos Ocultos" Primer Tratado de Doctología.

CAPITULO 11

"Aquí y Ahora comienza lo real, verdadero y permanente en la creación del alma inmortal" - El Supremo Avatar y la Nueva Era de Acuario.- El Tercer Milenio del Cristianismo Esotérico.- Un deshilvanado corolario.

El símbolo de la Nueva Era es el Cristo Cósmico y el buscador de la Iniciación. Ambos se representan con sus brazos elevados en forma de V.

La enseñanza del Avatar de Vishnú o Encarnación divina procede de fuera del Sistema Solar, de la Estrella Sirio.

Los discípulos del Supremo Avatar que ahora son nueve, fueron doce en otras épocas cósmicas. El número cósmico es ahora diez, incluyendo al Supremo Avatar Baba Marón Athos. Esas nueve personalidades lo representan en el seno de las diversas comunidades del mundo. Para llegar al Supremo Avatar hay que seguir su Código de Etica. El Supremo Avatar ha dicho que la educación es la aristocracia del Espíritu. Por tanto, para seguirlo hay que estar educado espiritualmente, tanto como en lo externo y formal. Se entiende la educación como capacidad para autodisciplina, control sobre los aspectos material y astral.

A través del uso del cetro se quema karma, o sea, destino negativo. El Octavo Sacramento es el misterio que será develado para el siglo XXI. Esto agiliza la mente. Los vitatrones contienen en sí los skandas o memoria de las vidas pasadas. La aplicación del cetro se realiza sólo bajo las órdenes del Baba. Toda técnica debe practicarse sistemáticamente hasta que produzca resultados.

El numero 144.000 representa la cifra aproximada de aquéllos que en esta ronda o período mundial pueden salir de la órbita humana y convertirse en seres superiores.

En la dispensación cósmica de nuestra era empieza ahora el momento para el Quinto, Sexto y Séptimo Poder, o sea, la A.E.I.O.U. Para entenderlo hay que comprender una experiencia de hace miles de años cuando a través de un experimento realizado por un científico llamado Jocub con razas extraterrestres, se dio

lugar a la aparición de la raza hiperbórea, luego a la raza lemur y por último a la raza atlante.
El proceso de creación de una individualidad nueva es la clave del origen del Quinto, Sexto y Séptimo Poder, el Existencialismo Esotérico. En el próximo milenio van a ocurrir una serie de eventos trascendentales para la Humanidad. Entre ellos se destacan la revolución tecnológica que permitirá comunicarse con el mundo invisible, el contacto con entidades y civilizaciones extraterrestres y la apertura de nuevas vías para la iniciación y el desarrollo superior de la Nueva Humanidad que incluirá la clonación humana y animal y la eliminación de las enfermedades que más aquejan a los seres humanos.
Hay que lograr la apertura a un nivel de conciencia superior. La transmisión de la fuerza del Rayo de la Creación a través del Cetro del Poder activa la energía cósmica del Vril. Las ceremonias de este tipo son parte del Mistericón y ponen en acción en cada sujeto su propio Rayo de la Creación. Esto ensancha las capacidades internas. Una de las dispensaciones cósmicas del Supremo Avatar Baba Marón Athos es que el uso del Cetro del Poder despierta las posibilidades internas. Este sistema es la Arcaica Enseñanza Iniciática de Ocultura Universalis. Su práctica fomenta la salud, la actividad mental y una comunión profunda con el Creador.
Está ceremonia puede hacerse sólo con personas seleccionadas y en momentos muy determinados. La liberación tiene que alcanzarse en el seno de uno mismo. Para realizar este proceso se requiere la purificación intelectual y moral. La misión del Supremo Avatar es transformar la sociedad en todos sus aspectos. El cetro del Poder despierta una serie de aspectos del mundo físico y astral que permiten una serie de conexiones y la percepción más desarrollada. Gurdjieff comparaba al ser humano con un ingenio o máquina incapaz de funcionar al tope de su capacidad. Hay que analizar la anatomía humana para comprender como el cetro actúa sobre las conexiones. Al nacer los niños tienen el kundalini activo. Al respirar absorben prana y lloran como resultado del cambio térmico al salir del seno materno.
Kundalini, al desaparecer la glándula timo a los siete u ocho años, transmite toda esa energía a la base de la columna vertebral, en la última vértebra y entonces empieza a actuar sobre el órgano kundartiguador.

En la mayoría de las gentes kundalini ejerce su influencia poco a poco. Se manifiesta como el Rayo de la Creación actuando en la Intuición. Una vez desarrollado el kundalini activo es Budhi o la Intuición Superior actuando a plenitud.

El Supremo Avatar o Señor de la Historia utiliza un mayavirupa o cuerpo de ilusión. Por lo tanto, la función cósmica del Supremo Avatar es restablecer el Plan cósmico, traer un mensaje que complete este ciclo, provocar un desarrollo inusitado en aquellos que son parte de la Iniciación.

Hay tres símbolos principales para la protección ante los acontecimientos de índole negativa que afectan al planeta y son los siguientes: la cruz, el cetro y el komboloi, siempre que hayan sido adecuadamente magnetizados y benditos.

Todos los conspiradores de la Era de Acuario están dirigidos por las mentes superiores desde el plano astral para contribuir a la Venida del Nuevo Supremo Avatar, que preparará la Reaparición del Cristo Cósmico.

Antes del arribo de la Edad de Oro habrá un período de gobierno de una entidad muy negativa. Las personas que compondrán la cifra de los 144.000 escogidos se aislarán del maremágnum de la Historia y recibirán un número secreto que les será asignado. También se aislarán así de las influencias relacionadas con el eje de la Tierra. Universalmente en el planeta los números asignados se basarán en tres dígitos y van a uniformizar a todos los hombres. Esto diferenciará a los miembros de la Gran Fraternidad Blanca. Este número cumple dos propósitos o funciones: protección y reconocimiento.

PUNTOS CENTRALES DEL CONCLAVE CON EL SUPREMO AVATAR. MODO DE ESTABLECER EL CONTACTO.

La frase central es “Fidelitas mia sine macula”, del latín, que significa, “Fidelidad sin mancha”.

- Ideal para la creación del Alma Inmortal: vivir es tener una meta, un ideal superior al que dedicar el tiempo vivo, lo demás es existir.
- La tesis fundamental del Supremo Avatar es la transmutación del karma a través de la Indemnización, esto es, del karmarless.

- Cumplimiento del dharma o deber principal de cada uno. No deben dejarse aspectos pendientes para que recaigan en otras personas.
- Obediencia a sus mensajeros
- El eneagrama de la Nueva Era

El Día de la Declaración se refiere a aquél en que el Supremo Avatar Baba Marón Athos se comunicará a través de una transmisión televisiva a todo el planeta, sin sistema de sonido alguno y siendo comprendido simultáneamente en todas las lenguas por el carisma de la xenoglosia.

La llegada del Supremo Avatar causará grandes cambios en el planeta y su civilización. Entre otros habrá las siguientes modificaciones:

Aplicación universal de la medicina (internacionalización)

Eliminación del hambre y sus secuelas

Desaparición de la contaminación química

Eliminación de la amenaza mortal del cáncer y de otras enfermedades.

Unificación de las religiones históricas, sin perder sus símbolos, valores y rituales.

Conducción de la sociedad con un sentido ético y moral más elevado.

Aceleración del conocimiento oculto

Difusión de la cultura y fortalecimiento del poder educacional

Las fuerzas del mal aún seguirán obrando en el milenio actual. Hay seres que cometieron en vida grandes errores y tienen aún que reencarnar en próximos períodos de la Historia.

El cambio se verá más rápidamente en medicina y en salud ya que los grandes seres han entregado su karma por el avance de la humanidad.

Todo lo que ocurre en el Universo está gobernado por fuerzas arihmánicas y luciféricas. Un ser repleto de maldad tiene un propósito contaminante dentro del sistema solar. Las fuerzas de la Luz están tratando de separar la sección más desarrollada del sistema solar del resto de éste, para que pueda avanzar hacia otra estrella.

Durante este período continuará el proceso mágico y alquímico de la religión gnóstica, con el equivalente del soma o licor sagrado, que es lo que recibimos a través de la Eucaristía. El Maestro representa lo más elevado. El cetro del poder es el uso de la energía alquímica. Dice el señor Maitreya que la aplicación del cetro del Poder adelanta un gran número de vidas, cuando se aplica como parte del Octavo Sacramento del Mistericón. Por eso el Señor Maitreya así como el Baba Marón Athos y por encima de todos, el Cristo cósmico, escogen personalmente a sus obispos, pontífices y herisarcas.

El Sacramento del Bautismo, iniciación cristiana, concede el ángel tutelar de la persona. El cetro del Poder abre canales pero debe ser manejado por aquél que tiene el saber y el poder. Actúa sobre el cuerpo astral y mental.

El Himno dedicado al Supremo Avatar dice en su estribillo: "Esto es muy serio. Aquéllos que lo conocen, lo verán primero".

En sintonía con el objetivo superior hay que romper la mecanicidad al tiempo que se obtiene el conocimiento. La noosfera es la nube vibratoria sobre el santuario que va a proteger vibratoriamente a los que trabajan al servicio de la Gran Fraternidad Blanca, del Supremo Avatar y de su obra. La aplicación del cetro del Poder es más importante que nunca para ayudar a escapar de la corriente kármica que se desencadena sobre el mundo.

El Octavo Sacramento va a ser la forma de distribuir la energía que ayudará al hombre.

Tener tolerancia y ser consecuente, tratando de compensar los aspectos negativos, sin dejar que éstos opaquen la esencia divina de una persona.

El Arca de Noé fue un centro vibratorio de energía de protección. Las ciudades bíblicas de Sodoma y Gomorra perecieron por una explosión nuclear. El Nuevo Arca de la Alianza es la protección brindada por el Supremo Avatar. Es un privilegio formar parte de su Arca de protección vibratoria.

Se conoce al Supremo Avatar como el Señor de Amor y Misericordia porque su nombre propio es secreto. El Cristianismo exotérico ha llegado a nosotros como residuo tamizado y prostituido por generaciones a través de siglos de dogmas creados por las iglesias de teologías de hombres, literalistas y fundamentalistas.

Entre los Grandes Seres de la Fraternidad Blanca, el Supremo Avatar destaca con sus nueve discípulos, cada uno de los cuales tiene una misión encaminada hacia áreas determinadas de la ciencia y de los grupos nacionales por continentes. Se puede contactar con estos Maestros o Grandes Seres como lo han hecho autores como Blavatsky, Hartrmann, Heindel, Gurdjieff, Alice Bailey, entre otros. El Autor también está en contacto personal con el Señor Maitreya, Señor de Amor y Misericordia. Los orígenes de su vida física en el planeta se remontan al Monte Líbano donde llegó a ser Obispo de tradición ortodoxa. Después se trasladó al Malabar en la India, y desde ahí, posteriormente se ha desplazado por el mundo realizando su labor de sanación en diversas áreas del planeta y también una actividad de carácter iniciatorio.

La aplicación del cetro ayuda a la persona a tener percepción de su propio Rayo. El Cetro obra como la llave de la vida y de la muerte.

El Baba, así como Melquisedec, Maitreya y el mismo Cristo Cósmico se expresan en ocasiones por medio de sus canales. En ese caso el canal expresa una fuerza que no es suya, sino que procede de niveles más elevados del Sistema Solar.

El Supremo Avatar dirigirá personalmente el cambio o trasformación de la Humanidad, ocupará un cuerpo físico diferente y será la cabeza de una organización mundial similar a la ONU. El realizará así una labor de revolución social, política y religiosa, sin cambiar las religiones sino haciendo que cada religión vaya hacia sus fuentes, sus orígenes, aunque habrá excepciones.

La Iglesia católica romana está minada por dentro por la penetración del cahal judío, por lo que está condenada a disolverse en el seno de otras ramas del cristianismo católico y ortodoxo.

Necesitamos nutrirnos de influencias que vienen más allá de la vida física y del Sistema Solar. Si interfieren situaciones o eventos de menor importancia, la oportunidad única e irrepetible del Camino del Desarrollo puede pasar, en cuyo caso no se repetiría sino hasta después de siete vidas más. La realidad es que el fin de la vida física termina con todos los compromisos del hombre común y ordinario, con todos sus afanes y preocupaciones. Pone en perspectiva el valor y las prioridades que se han otorgado a los diferentes elementos y circunstancias que rodearon el tránsito por el mundo de la existencia condicionada. Deja en claro que lo único valioso es crear lo perdurable, lo que constituye la esencia de la inmortalidad, pues va a sobrevivir más allá de la vida y de la muerte.

Aprovecha tu tiempo vivo y no lo pierdas en historietas de menor importancia. Persevera y ve hacia delante, más allá de los problemas personales. Cristaliza tu alma. El cetro del Poder tiende a despertar la intuición y canaliza las energías superiores.
Para tener alma hay que crear un estado de conciencia inmortal, capaz de elevar sus átomos siendo un proceso ascendente, no descendente. A través el Mistericón le damos coloración y contenido al cuerpo causal por la transmisión de la energía del cetro del Poder.
La última iniciación del Octavo Sacramento es conferida directamente por el Supremo Avatar y su herisarca o pontífice. El Mistericón es la energía de la Séptima Raza Raíz. La preparación para ello se adquiere por medio de la Doctología, en el aspecto intelectual, el Mistericón en el aspecto devocional y la Iluminación Cósmica, o sea, la A.E.I.O.U. en el aspecto espiritual.
Y todo ello produce una entrega total al objetivo supremo del alcance de la liberación de la rueda cíclica de la reencarnación.
El Mistericón sólo se puede aplicar a partir del concepto Doctológico del milenio. El tercer milenio se caracterizará por el contacto de la humanidad con la vida extraterrestre, dentro y más allá del sistema solar, del mismo modo que el segundo milenio ha representado, especialmente en el último siglo, la apoteosis del conocimiento, de las comunicaciones en el seno de la humanidad y de nuestro planeta.
Visualizar la recurrencia de estos grandes acontecimientos de la Era de Acuario hace que se canalicen mejor las energías de Fohat y Prana, pero principalmente encauza las fuerzas de Ida, Pingala y Sushutma. También el cetro precipita el karma, que se paga de forma acelerada. El gran problema de la vida es mirar siempre hacia fuera y no hacia dentro de uno mismo. En esta contradicción se pierden y dispersan la mayoría de las gentes.
Pero aunque el Supremo Avatar Marón Athos está por debajo de las Leyes cósmicas, en el período de la Implantación tiene "facultades extraordinarias" para modificar ciertas reacciones de leyes universales en cuanto a los que se dedican completamente a Su Obra.
En todas las religiones ha habido fórmulas religiosas internas o secretas. Así en el Cristianismo, los Siete Sacramentos Internos:

Bautismo, Confirmación, Penitencia, Eucaristía, Matrimonio, Orden Sacerdotal, Extrema Unción, son las iniciaciones externas.

El Octavo Sacramento es, sin embargo, una iniciación interna conferida directamente por el Hierofante, o bien por aquéllos que han sido autorizados específicamente para ello por el Supremo Avatar en persona y sus nueve Herisarcas en la Historia.

En la liturgia católica el único sacramento en que el sacerdote no oficia sino asiste a su celebración es el matrimonio. Los cónyuges son los ministros del matrimonio. El símbolo litúrgico en el Sacramento de Ordenación Sacerdotal es el báculo y la mitra, ya que sólo el obispo puede ordenar sacerdotes. En el Octavo Sacramento, el símbolo por excelencia es el Cetro del Poder.

El Gran Maestro Jesús institucionalizó el bautismo esenio, iniciación cristiana, como el Primer Sacramento. El Octavo Sacramento es su continuidad histórica en el siglo XXI. Para poder recibir los rudimentos y aspectos superiores del Mistericón, indañabilidad, idea y sacrificio son tres conceptos que significan proximidad al Señor de la Historia, es decir convertirnos en dignos vasos escogidos para su misión cósmica y planetaria.

Se debe entender esta condición "sine qua non": los Maestros y Seres Superiores no pueden vivir en la contaminación. Para estar delante del Supremo Avatar hay que purificarse primero física, mental y espiritualmente.

"Nadie piense que porque se acerque a mí dará un paso adelante. Para llegar a mí hay que haberse desarrollado antes", dice el Supremo Avatar. Hay que poseer un alma intrépida que busque vincularse desinteresadamente a la órbita vibratoria del Numero Uno de la raza humana.

El Iniciador representa al Cristo Cósmico cuando realiza la aplicación del Cetro del Poder. Todos los verdaderos discípulos en un momento dado han de cumplir un juramento, que se realiza en una ceremonia secreta, en la cual cada uno de ellos es implantado personalmente con la energía cósmica del Supremo Avatar. Personalmente éste inicia a cada uno de sus verdaderos discípulos.

Pero el toque personal del Supremo Avatar no puede ocurrir a menos que uno de los nueve personajes que son sus mensajeros o profetas les haya impuesto el Cetro previamente. El toque personal del Supremo Avatar en una persona, equivale a más de quinientos individuos de elevación espiritual.

El Baba en su ministerio de Supremo Avatar tiene en cuenta lo que hay dentro del corazón de cada cual, de cada hijo de la Raza Humana. El pertenece a una humanidad que procede del espacio exterior (El Libro de las Estancias del Dzyan, el Libro de Urantia y otras fuentes acuarianas proclaman la misma verdad). Cada cierto tiempo se reúne con el grupo de Nueve Profetas que ha señalado para ayudarlo en su misión. El Supremo Avatar no busca publicidad, no quiere reconocimiento ni homenaje. Es un individuo discreto y elocuente, con capacidad de comunicación en múltiples lenguas. Es sumamente humilde y simple. El trasciende toda definición del hombre ordinario. Quien quiere llegar a él tan sólo visualizándolo y a través de la pureza interior, tarde o temprano llega. Sin dogmatismos ni imposiciones, por la iluminación interior. La entrega de nuestro ser hacia Dios es un proceso que requiere apertura y concentración.

A través de la aplicación del cetro del Poder, la energía que se recibe del Supremo Avatar es tan grande que si se aplicara por cinco minutos, sin interrupción, sería tan fuerte que el cuerpo causal se quemaría.

El mayavirupa o cuerpo de ilusión usado por el Baba Marón Athos tiene una edad fisiológica de alrededor de los cincuenta años. Es el cuerpo físico de un druso del Monte Líbano. Posee un chakra o centro coronario muy desarrollado, consecuencia de la expansión de las glándulas pineal y pituitaria. El desarrollo de kundalini es la intuición plena. El Supremo Avatar dice que "hay que sacar el aceite a la aceituna". El que usa el cetro es un canal de energía y será mejor conductor de esa fuerza en la medida de su nivel de elevación, purificación y grado de iniciaciones.

Se recomienda: seguir una vida natural, vivir una vida pura, alejarse de la contaminación, desarrollar la luz interior, desenvolver el poder que está en nosotros mismos. El Quinto Poder se desarrolla por la iluminación. También hace falta la comunicabilidad, perteneciendo a un grupo que tenga los mismos intereses, poner en primer plano lo divino en todos los aspectos de nuestra vida y por último, la iniciación a través del Octavo sacramento.

El Baba Marón Athos ha dicho una y otra vez que la esencia de la tarea que él realiza es lo que vale. Al ser preguntado acerca de sí mismo, se describió como: "I am nobody" (yo soy nadie). Esto resume todo lo que puede esperarse de una entidad de tal categoría en la escala humana que manifiesta a plenitud la grandeza de su humildad.

Con la aplicación del Cetro se produce el desarrollo de las facultades por la apertura de canales dado que es el medio principal para que esto suceda.

Los círculos espirales producen evolución, no los círculos estáticos. La Eucaristía es la manera de transformar los vitatrones, por medio de una alquimia espiritual. La Teofagia diviniza las condiciones internas del hombre. El Octavo Sacramento sólo se puede administrar a los bautizados. Esto hace de la persona al recibir el Octavo Sacramento, algo substancialmente diferente, que desarrolla el poder que subyace en uno mismo. Los poderes se desarrollan sólo si se practica la Escuela a que se pertenece.

Aparte de los Nueve Sabios Incógnitos o nueve Profetas que ayudan directamente al Supremo Avatar, hay también doce Maestros ascendidos y doce discípulos muy avanzados que efectuarán una labor especializada en los diversos campos de la sociedad civil, de la metapolítica, la religión y los sistemas elevados de pensamiento.

En la Nueva Era se podrá diferenciar a quienes formarán parte del círculo más interno de la Humanidad por medio de la pertenencia a diversas escalas. Gurdjieff hablaba del Esketes o intermedio entre el monasterio y la célula personal. De esos Esketes, en número entre nueve y once, se nutrirán los círculos más internos del Supremo Avatar y dado que cada siete años se producen cambios morfológicos y celulares, cada siete años se renuevan las células del cuerpo humano y cada siete años se puede ascender en el Sendero Iniciático cuando por la aplicación del Cetro del Poder se invierten los elementos del Karma y se fomenta el dharma individualizado.

El Baba Marón Athos afirma que el trabajo de Esketes produce en el largo plazo el efecto de renovación de todas las células como si se hubiera nacido y vivido siempre en un monasterio. Esto es indiferente de la edad del discípulo y sólo requiere la práctica constante, el desapasionamiento, el latihan, y las técnicas, incluyendo la meditación, y obviamente, la aplicación del Cetro del Poder.

Los que están en condiciones de empezar el Esketes hacen el Trasvenic, que consiste en la utilización consciente de las fuerzas cósmicas a través del misticismo. Esketes es como nacer de nuevo, pero nacer a la vida real.

En el futuro se querrá implantar en el organismo físico de los seres humanos un microchip de computadora que contendrá toda la información acerca de una persona. Esto se relaciona con el número de la Bestia, el 666, que a su vez enlaza con la idea de un sistema regido por un Sol Negro que está tratando de penetrar en nuestro sistema solar. A la par de todo esto se implementará la clonación humana.

La aplicación del Cetro del Poder desencadena el Karma. Se llega al recuerdo de previas encarnaciones, cuando el que lo realiza ha alcanzado el control del cuerpo causal, porque la fuerza que transmite y canaliza es muy superior. Tienen lugar simultáneamente una purificación del ADN y una "limpieza psico-genética".

El Supremo Avatar dice que la fuerza del mal con el dinero puede más que todos nosotros. Al peligro hay que conocerlo para evitarlo y protegernos.

Para saludar al Baba hay que purificarse bien las manos, deben estar bien limpias, con las palmas abiertas hacia arriba y colocadas hacia los costados. Para seguirlo, se hace antes que todo, con el alma.

Cuando se limpian los bloqueos de los chakras, esto permite que se avance más rápido. Tales bloqueos son el resultado del karma en algunas ocasiones.

Este apotegma se convierte en axiomático por la envergadura de su planteamiento gnóstico: "El sufrimiento por la obra cósmica, el Supremo Avatar y el Plan del Señor de la Historia es liberación kármica".

La Implantación de la Nueva Era por el Patriarca Melquisedec será un proceso de unos mil años. Entre los propósitos del Cristo Cósmico está también el cambio en el nivel de vida y estatus de las mujeres. Habrá un ministerio de ángeles materializados y otro de mujeres. La visión de la persona del Mesías es una profunda experiencia de universalidad. El Baba Marón Athos dice que la gran culpa presente se debe al fanatismo y al egoísmo de la sociedad contemporánea. Hay mucha gente hablando de lo que no

sabe y confundiendo a los demás, especialmente en temas que aparentan ser espirituales.
Tenemos un deber o Dharma universal que es darle a la vida en retorno por todo lo que hemos recibido de ella. Es la panspermia universal. Debe haber una entelequia o relación de amor universal. Los vitatrones propician la liberación del karma, cuando hacemos lo anteriormente expresado.
Se nos ha dado a conocer que el Día del Perdón es el de la purificación planetaria, familiar e individual. Será en una lunación especial de los años pares del Tercer Milenio.
¿Hacia dónde van los fundamentalistas y otros que están en contacto con las fuerzas más bajas? Hacia el Avitchi, la muerte térmica en la Octava esfera. Esto significa la petrificación, la muerte del alma inmortal y la separación de la Mónada (Espíritu) del Rayo de la Creación Individualizado.

MAESTROS Y ESCUELAS DE DESARROLLO. GNOSIS DEL TERCER MILENIO

Una base ética del esoterismo es "No pidas a Dios ni a los Maestros aquello que puedas resolver por tí mismo". El verdadero instructor prepara a los discípulos para que puedan trabajar con él. Las verdaderas escuelas esotéricas mantienen el contacto real con la tradición. Se suelen dar mezclas que dan lugar a pseudo escuelas. En el camino de Desarrollo una verdadera escuela es aquélla que exige.
Hay nueve aspectos en el ser humano. Los temperamentos humanos fundamentales son cuarenta y nueve, que derivan de los Siete Rayos fundamentales y de los Siete Subrayos. Para conocer el Rayo, estudia la sensación y obsérvala.
El Maestro personal del autor es el Maestro Kut-Humi que fue Pitágoras en una encarnación muchos siglos atrás. El Maestro Morya habitó en la Atlántida. El Maestro ascendido que se conoce bajo el nombre de Conde de Saint-Germain se relaciona con la mancia. El Maestro Kairos fue discípulo del Maestro Kut-Humi. La Maestra Hipatia fue discípula de la Maestra Nadai. El Gran Maestro Drupa fue el gurú de los Maestros Kut-Humi y Serapis Bei.

El autor pudo conocer personalmente en sus muchos viajes al Lejano Oriente al Maestro Jrara en Japón, y también al Maestro Sin Yao en Corea. Ambos fueron discípulos de Confucio. El Confucionismo fue la religión primordial de Asia y aún perdura fuertemente en el inconsciente colectivo en China y en Corea.
El Maestro Lord Tanhausen fue discípulo del Príncipe Racockzi.
El Maestro Amullabad el Jedin fue Omar Kayan y también Avicena en otras encarnaciones previas. El Maestro Ragoon escribió acerca de la Misa y sus misterios y también fue discípulo del Príncipe Racockzi.
En la medida en que podemos desarrollar en nosotros el Rayo de la Creación del cual emanamos, del Logoi planetario, podemos alcanzar el poder y la liberación.
Primer Rayo: color usualmente azul, pero también puede ser rojo
Segundo Rayo: color rosado, casi anaranjado
Tercer Rayo: color verde (complementario del rojo)
Cuarto Rayo: mezcla de verde y naranja
Quinto Rayo: color azul tenue
Sexto Rayo: verde pálido
Séptimo Rayo: color violeta
El Maestro no se debe a sí mismo sino a las fuerzas que obran tras él. Por ello el Maestro respeta todo con más fuerza que cualquier otra persona. El no puede ni debe contaminarse porque la contaminación podría destruir su Mayavirupa o cuerpo de ilusión (se caracteriza por ser un cuerpo atérmico, ojos que miran en una sola dirección). El Maestro es conciencia plena, la Mónada completa, por ello sus ojos son especiales.
Un Maestro no se equivoca en nuestro nivel terrestre pero en otros planos cósmicos si es susceptible de error. Al entrar en otro plano cuando se alcanza la liberación se abren siete vías. Algunas de ellas se relacionan con enseñar a los seres humanos. Esta es la función de los Maestros ascendidos de la Gran Logia Blanca. Los seres que dirigen los esquemas cósmicos son superiores a los Maestros y en niveles superiores también son susceptibles al error.
El último cuarto de cada siglo es el tiempo o período idóneo para la proliferación de una nueva forma de desarrollo oculto. En esta etapa el autor ha desarrollado su tecnología de Ocultura Universalis, Existencialismo Esotérico y el summum de la Gnosis, la Doctología.

El Iniciado tiene tres deberes al llegar a un determinado grado:

a) Encontrar un sucesor (o siete sucesores). Deben ser escogidos entre uno y siete discípulos como parte del precio que deben pagar por haber recibido la enseñanza.

b) Crear un centro de fuerza alrededor de cada uno

c) En todo momento debe revisarse a sí mismo

Para alcanzar el verdadero desarrollo hay que dominar la naturaleza, no reprimirla.

La única filosofía o sistema de pensamiento que facilita las técnicas o instrumentos para comprobarlo es el Quinto Poder y la Doctología por medio de la Iniciación. El Padre de la Luz es Aquel en quien no hay mudanza ni sombra de variación de acuerdo con la Epístola del Apóstol Santiago

La conciencia de la Iniciación es un estado mental posterior a la Iniciación y tiene sus raíces en la Logia Esotérica.

Iniciarse en la Gnosis significa la unión con el corazón esotérico, vida y espíritu de la Verdad. La transmisión de la Gnosis se produce sólo a través de los hierofantes, maestros y obispos, siendo el Maestro la puerta de acceso a la Gnosis interna y completa. El Profeta es el Doctólogo Magistral.

Un chela es un discípulo aceptado. Un Gurú es un maestro. El propósito de los Maestros es el desarrollo y expansión de la conciencia. Las horas trabajo-conciencia se obtienen a través del estudio, el trabajo consciente sobre uno mismo y el servicio al propósito de los Maestros.

Fórmula para el desarrollo: número de horas trabajo-conciencia elevado a "n" siendo n el número de veces que se ha recibido la aplicación del Octavo Sacramento, el número de iniciaciones en Ocultura y el esfuerzo abnegado por la Gran Obra, determinan el grado de desarrollo del alma y produce más desarrollo que si se efectuara sólo con el esfuerzo normal de la vida humana. Equivale casi a nueve vidas completas o más, debido a la manera en que purifica el Karma y hace karmarless.

En resumen, he aquí el corolario: una Ley es una constante en la Naturaleza pero la dinámica de la Ley requiere la intervención de múltiples variables.

La Luz Divina es la emanación cósmica que viene del Padre por medio del Cristo Cósmico, del Señor de la Historia, del Patriarca Melquisedec.

Gnosis es iluminación interna que hay que extraer hacia fuera. El conocimiento está dentro y las técnicas sirven para sacarlo o extraerlo. De acuerdo a la Doctología toda la vida está iluminada por la luz divina.

Son cuatro las cualidades imprescindibles en el Camino del Desarrollo: discernimiento, desapasionamiento, buena conducta y amor.

Los Maestros no tienen Karma terrestre: sólo pueden obrar al sintetizarse con el discípulo y si éste le permite obrar entrando en el propio karma del discípulo.

Los objetivos de la Escuela Esotérica de la Doctología son el desarrollo de las capacidades del ser, la expansión de la conciencia y la liberación. Existen siete posibilidades para el Adepto. Nirmanakaya y Maestro de Sabiduría son los dos posibles caminos de servicio en nuestro planeta.

El Amor que produce sabiduría por medio de la comprensión nos lleva al desarrollo espiritual. Nos conduce a Dios. Ninguna persona que haya alcanzado el Camino del Desarrollo morirá sin haber visto personalmente al Maestro, si ha alcanzado el grado de Doctólogo. Aprendamos a aprovechar el don de la vida en exceso en vez de en detrimento, es decir hay que evitar los pensamientos negativos, el quejarse de la vida, de lo que nos dicen, de lo que nos pasa, etcétera.

Cuando no se alcanza el nirvana se debe a que se disipa la energía, se pierde la concentración y la dirección en que se canaliza la energía.

Amor, tolerancia y capacidad de perdón son necesarios para alcanzar la iluminación. No se debe comulgar con las tinieblas, con la maldad. La avidez de conocimiento es diferente de la ansiedad por obtener información o la curiosidad y la distracción. Debemos aprender a liberarnos de lo más bajo, lo ruín y los instintos inferiores.

Lo anteriormente expuesto es un intento de compilar apuntes para otro tiempo cercano. Notas y apéndices de la síntesis ideológica motivadora. Por lo que mi máquina esquiva del tiempo interior o isotelio y su utilización de los tatwas para la penetrabilidad consciente en los diferentes niveles de entrada, permanencia y salida de los mundos invisibles.

La Iniciación en Doctología es el paso deliberado en la Era de Acuario para llegar al eslabón más alto en la escala humana. Un doctólogo por lo tanto tendrá acceso a las fuentes del Poder y el Saber y por consiguiente pudiera acceder de inmediato a la propiciación de la Inmortalidad.

CAPITULO 12

"Eres lo que piensas, por lo tanto, piensa en lo eterno. Piensa en grande"

El nuevo órgano ideológico actual es el quinto desde Aristóteles, Bacon, Ouspensky y Collin. El sabio griego Aristóteles escribió el "Organum", el filósofo inglés Francis Bacon promulgó el "Novum Organum", el matemático ruso Pedro D. Ouspensky formuló el "Tertium Organum" y el escritor americano Rodney Collin redactó "El Desarrollo de la Luz". Tomando la frase de Ouspensky que "el tercero existía aún antes que el primero" puedo con certeza postular que el presente "Modelo Universal" que recoge los fragmentos de las Enseñanzas Esotéricas es tan contemporáneo en su presentación como antiguo en su contenido orgánico, pragmático y gnoseológico.

La Doctrina de Ocultura Universalis (A.E.I.O.U.) se polariza en su relación dialéctica entre el esoterismo tradicional y el ocultismo metafísico. O sea que el intento efectivo de llevar a vías de consecución los planteamientos enunciados en este sistema es el prolegómano substancial de esta Enseñanza Mistérica.

Por lo tanto el objetivo de señalar instrumentos tanto del ejercicio espiritual como de la praxis física es que el estudiante de Doctología alcance la plenitud del desarrollo de su individualidad con la adquisición y funcionamiento de las potencialidades que le son inherentes. Corolario: Ocultura es la demostración de sus postulados y la verificación de todo lo que declara. Cualquier otro método sería únicamente teórico, especulativo y epistemológico. Con la máxima tomasiana del hermano gemelo del Nazareno llegaremos a "ver para creer". Así pues, la A.E.I.O.U es la utilización consciente, simultánea y eficaz de los argumentos de la Taumaturgia Universal (Alta Magia) y de la Alquimia Hominal (transmutación al más alto nivel humano posible).

Sin entrar en documentación exagerada es nuestro deber, una vez más, declarar el carácter herético, rebelde e inconformista de este Existencialismo Esotérico. La ortodoxia litúrgica y la catolicidad escatológica de la Iglesia Católica del Rito Antioqueno y sus organismos laterales se interfertilizan con la exaltación de una

ideología que se pronuncia tanto herética como hierática y que se vincula con los conceptos antagónicos al Cristianismo exotérico. De manera solamente esquemática si fuéramos a verter los factores de este intríngulis teológico habría que comenzar expresando las implicaciones suscitadas por la cosmovisión trinitaria de la Doctología, sus concomitancias con los Avatares históricos conocidos y las analogías del Segundo Aspecto de la Divinidad con personajes como Cristo, Krishna, Buda, Zoroastro y Quetzacoal, así como la multiplicidad de individualidades diferenciadas en relación con los anteriormente señalados. Para ser más específicos veríamos trinitariamente a Jesús, Cristo y el Hijo; a los 13 zoroastros y a Zaratustra como el primero de ellos que funda y establece como es sabido ampliamente el Zoroastrianismo o Religión Mitraica posterior y como muy pocos saben, las vertientes sufí y derviche y sus consecuentes ramificaciones.
Junto a estas concepciones añadimos la vida ignorada de Jesucristo, sus relaciones afectivas y sentimentales con sus hermanos Tomás, Judas Tadeo (o tal vez, el propio Judas Iscariote, recordemos que tanto este último como Jesús eran miembros del Partido radical anarquista de los zelotes) y con las mujeres, María Magdalena, Salomé, Susana, Verónica, Marta y María, entre otras. Su posible paternidad de los tres hijos de la Magdalena, Amador, Sophia (Sara para algunos pseudo eruditos especulativos) y Emineo, siendo el primero el continuador de la esencia Mistérica del Cristianismo, la segunda, la pitonisa de la Alta Magia Femenina y el último, el instaurador de la dinastía merovingia.
La objetividad nos obliga a discernir y hacer comprender que el Cristianismo alcanzó con el romanismo el más infame epítome con más de millones de seres humanos llevados a la hoguera en los Tribunales de la eufemísticamente llamada Santa Inquisición, tristemente célebre por los martirios causados en nombre de la doblegación a una fe barata y falsa ante el miedo a tales manifestaciones del Ocultismo y todas las expresiones de la Ciencia a cualquier demostración de la Verdad.
Es contundentemente cierto que el escarnio y la inmoralidad se unieron en el contubernio del fanatismo. Nada más alejado de la Verdad Divina y el mensaje de Jesús de Nazaret que los crímenes de lesa humanidad, el oscurantismo de las conciencias y la nadidad de la esperanza de un cielo devachánico o nirvánico en el que

nunca creyeron ni Juana la Papisa ni su reencarnación, Joseph Ratzinger, el actual Papa Benedicto XVI. Las excusas y pretensiones de la Iglesia de Roma ante la problemática de los homosexuales, clérigos y laicos, la inhibición de las mujeres a la dignidad sacerdotal, la podredumbre mental de la casuística del derecho canónico – siempre tan torcido como fuera de toda regla dignificante – y el encubrimiento sistemático y farisaico de la conducta ética y la búsqueda del significado profundo de Dios, el hombre, la naturaleza y la vida con la prohibición del estudio de la Gnosis, la Magia y el Esoterismo.

Para protegerse de las intrigas, persecuciones y ataques mortales del catolicismo romano, las Escuelas Esotéricas, Ordenes Mistéricas, Fraternidades Herméticas y Sociedades Secretas han tenido una vez más en la Historia que recurrir a la Iniciación, al sigilo y a la discreción, creando antes, luego y ahora la Inteligentzia Esotérica para contrarrestar los órganos represivos de inteligencia, contrainteligencia y espionaje que el Vaticano ha utilizado durante casi veinte siglos, incluyendo a la Compañía de Jesús, el Opus Dei, los Legionarios de Cristo y la super secreta agencia de espionaje vaticano conocida como la Pía Congregación, la que ha planificado, ultimado, cometido, adulterado, plagiado, autora de secuestros, crímenes y todo tipo inconcebible de atrocidades. La Santa Alianza que otrora persiguió a los llamados infieles usando el subterfugio de la recuperación del Santo Grial, que inflingió tormentos y ejecuciones a templarios, albigenses, cátaros, martinistas, rosacruces, masones y teósofos, bajo el pretexto de salvar a su genocida institución de los supuestos conciliábulos mágicos de todos los ocultistas.

El intenso combate dialéctico entre la Religión convencional o fanatismo religioso y el Esoterismo tradicional hace mimetismo histórico con la pugna establecida por los que detentan la influencia y aserción sobre los poderes temporales y su trascendencia mediática, o sea, usa la propaganda falsa para su provecho. Hoy como ayer y mañana, la pugna será entre los Poderes del Bien y del Mal, los seres arihmánicos y luciféricos, los arcontes y devas contra los demonios y asuras. El montaje de intereses políticos y financieros que ha provocado el martirio y el asesinato a mansalva de ejecutivos del Banco Ambrosiano (ligado a la Banca Vaticana) y los consorcios farmacéuticos productores de anticonceptivos, por cierto, entidades financiadas por capital vaticano. Una vez más la Gran Ramera tiende sus voraces garras con ansias inmundas de lo más bajo del mundo material. La reencarnación de híbridos sexuales como Cleopatra, María Antonieta, George Sand, Altisona o la Malinche, han dado lugar a mujeres que al frente de naciones del Primer Mundo buscan la hegemonía sobre los pueblos tercermundistas. En resumen, la puerta de las dimensiones quinta y sexta plantean a la ciencia oficial y a los politólogos el desafío de la presencia cada vez más evidente de seres extraterrestres y de ánimas ultraterrestres. El viaje de ambos nos llegará pronto a la velocidad del enésimo Tetartacosmos y su paradigma será entonces indiscutible.

¿Qué dirán entonces los fanáticos, los mancos mentales, los sepulcros blanqueados y los falsarios de toda ralea? Esperaremos muy poco para saberlo.

Por lo tanto la Ocultura (A.E.I.O.U) tendrá necesariamente que mantenerse secreta, utilizará metodologías de la Doctología en el más absoluto hermetismo y preparará a sus adeptos, discípulos y estudiantes de todo el mundo para el proceso cósmico planetario de la Implementación de la Reaparición del Señor de la Historia, del Patriarca Melquisedec y del Cristo Cósmico.

Así como la entrada del hombre europeo, español, portugués e inglés trajo consigo un complejísimo proceso de descubrimiento, conquista, colonización, culturización y emancipación, esta última fase, dirigida desde sociedades secretas, fraternales, políticas y filosóficas, así también en el presente actual y en el futuro cercano serán las organizaciones ocultas las que tengan la batuta de la metapolítica y sus hierofantes ocupen el sitial desde donde el cetro del poder estará en sus manos.

Así que esta clave, la Clavícula de Ocultura, el Teorema del Sistema de la Doctología tendrá como propósito fundamental la reconquista del hombre, el dominio sobre la naturaleza y la ascensión a los niveles más elevados del Nuevo Orden Universal con el gobierno invisible del mundo. Simbólicamente, desde ahora Shamballah será Nueva York (la nueva Roma), Agartha será San Francisco en California (la nueva Jerusalén) y Asgard será Odessa en Florida (la nueva Alejandría).

El árbol cabalístico que estimula la Doctología en su energetización de las energías de Fohat (Energía solar psíquica),

Prana (aliento vital sensorial emocional) y Kundalini (la fuerza ígnea intuitiva y espiritual) que por el induva educe el potencial disperso por el órgano kundartiguador con las fuerzas de idah, pingala y sushumma para surtir el efecto alquímico del develamiento de la supraconsciencia y el alcance de la emancipación de la rueda de reencarnaciones.
La Antigua Enseñanza Iniciática de Ocultura Universalis deviene como Gnosis del Tercer Milenio de la Era de Acuario en el instrumento idóneo para la consecución del Mocha o liberación de los skandas (grabaciones, permutaciones y aberraciones) de la mente, la sensibilidad, el instinto y la actividad del ente hominal por la activación del pranayama o en términos parapsicológicos, el biofeedback o fuerza del potencial compensatorio de retorno.
Homonomía o las leyes que gobiernan el comportamiento social.
La prerrogativa del iniciado en Ocultura será entonces el convertirse de forma explícita y eficaz en el recipiendario del éxtasis o satori, en el pleroma del himeneo entre Píndaro y Lisistrata. Una deliciosa experiencia de Arcano que produce sabiduría inefable y ensancha los límites de la facultad del hacer.
El paralelepípedo del efecto de Phi en el aura humana expandirá en su destello e implosionará en su artera sublimación de todos los lastres, impedimentos y bloqueos que impedían la permeabilidad de la luminosidad monádica. La emisión de ondas alpha thetam suplementará el decursar de beta y la usurpación de las funciones de los centros perceptivos y vitales habrá completado su enajenante influjo en la persona humana.
El resultante ulterior será algo poderosamente nuevo en la vida de cada uno de los discípulos y adeptos de la A.E.I.O.U y consecuentemente se habrá logrado, fuera de los límites de la imaginación, la fantasía y la credibilidad, llegar a la visión real del mundo invisible inconmensurable con el Espíritu de la Divinidad.
El Teorema del Sistema de la Doctología anuncia una esfera de entorno inusitado en la que los iniciados ya están involucrados. El Teorema del Sistema es una exposición sistemática que incluye todo el acervo de las diversas corrientes del pensamiento de la Cultura de lo Oculto, esto es la Ocultura Universalis que se nutre de las emanaciones filosóficas, místicas, ritualísticas y devocionales de las sociedades iniciáticas, las escuelas de

Misterios, las religiones orientales y las Iglesias gnósticas, ortodoxas, católicas y heréticas (serias e iluminadas).
Teurgia como reserva sentimental del Anima Mundi en el contexto del Yoga, Zen, Sufismo, Dervichismo, Magia y hechicería se llega a vertebrar con otros medios de gracia y utilización de las técnicas de todas las tradiciones, se conjuga con el sendero pragmático de los mediums, las pitonisas, los encantadores y los curanderos para el común objetivo de salvar el alma, sanar el cuerpo y liberar el espíritu, dentro de las esferas de radiación del mundo de la existencia condicionada.
La Clavícula de Ocultura abre un puente psicológico y metafísico de comunicación con el Mundo de los Muertos o Plano Astral y el Plano invisible de la Existencia condicionada. Con este método Sat (existencia), Chit (consciencia) y Ananda (bienaventuranza) se someten rajas (fuerza), tamas (inercia), satwa (equilibrio) y el Jiva (la mónada o espíritu que llega a activarse y actualizarse, usa de los vitris (modalidad de influencias y vibraciones) en los diversos plano (tatwas) del Universo. El Tatwámetro, el isotelio y los artefactos taumatúrgicos que el hierofante emplea para despertar al Ser lo sobrepone más allá del tiempo y del espacio, del éter y el akasha (memoria de la naturaleza y el cosmos), lo espacio-temporal es superado por el augoides y el Ser y la Nada se alquimizan en el Ser y el Tiempo, en el vértice de liquidación de los puntos de la ignorancia y los efectos del Destino, por el karmarless o transmutación del karma (destino) se produce el ultérrimo objetivo del tantra a través del maituna o como se pudiera explicar en términos místicos: "Las Bodas Alquímicas de Christian Rosenkreutz" o sea, el maridaje de fuerzas que rompe todas las limitaciones, destruye totalmente el obstáculo primigenio (el de la caída del hombre, Adam Kadmon y la guerra en el cielo entre Lucifer y el Arcángel Miguel). Allí se iniciará el camino de retorno a las estrellas, a Alpha Centauro, Sirio y las nebulosas civilizaciones del Infinito, entonces los Arcontes, luminarias o Sephirots, y las entidades espirituales vencerán a los íncubos y los súcubos; habrá una balanza entre los seres arihmánicos y luciféricos y sobre el pedestal la piedra pulida se convertirá en el ara de la shekinah.
Aquí en fin, hemos expuesto junto a la letra de la clavícula, el noumen del sistema.

TERCERA PARTE

Apuntes del Ideario para el Ser en Tiempo y espacio

CAPITULO 13

"Lo grandioso se esconde en la discreción"

SIMBOLISMO DE LA PORTADA

El monje iniciado en los "Cultos Ocultos" llega a la magna iniciación en "La Clavícula de Ocultura" con la ceremonia taumatúrgica de la crucifixión de la personalidad.
Los Templos herméticos en Egipto y en particular la Gran Logia de Memphis, efectuaban el místico ritual que se plasma en la portada de este libro
La Cruz simboliza los cuatro puntos cardinales del espacio temporal y las ubicaciones dentro del planeta Tierra. El hombre crucificado, el monje iniciado, representa el árbol Cabalístico de la Vida: Saber, Querer, Osar, Callar. Las dos llaves que sostiene en sus manos significan la adquisición del Saber y el Poder a través de la peregrinación en la Existencia, por medio del aprendizaje, el sacrificio, las pruebas y la Iluminación, hasta llegar a la Doctología, la escala más alta del nivel humano.
La clavícula descarnada en el hombre crucificado muestra los veintidós arcanos, las letras hebreas y hace referencia velada al código genético del Homo Sapiens. La Arcaica Enseñanza Iniciática de Ocultura Universalis abre su Corpus Mysteriorum a las almas intrépidas que serán capaces de penetrar el velo del Misterio.
Un crucificado en el árbol de la vida rompe las limitaciones y educe los fundamentos de la Inteligentzia, la Voluntad, la Intuición y la suprasensibilidad en la mirada y orientación de las manos y los pies: hacia Alpha Centauro y la Estrella Sirio y el plano donde se apoya el Existencialismo Esotérico.

MENSAJE ELECTRONICO ENVIADO AL AUTOR POR EL BABA MARON ATHOS, SUPREMO AVATAR DEL CONCLAVE INICIATICO UNIVERSAL

Venerable Hermigo Sar Mar Profeta,

Fue costumbre desde la más remota antigüedad que el discípulo presentara su obra literaria al Maestro para su aprobación.
Vos fuiste confiando en una interpretación acertada que viniera de este siervo del Padre Divino.
El Código de "La Clavícula", su lenguaje críptico y metafórico, permiten conservar la sensatez del Misterio y de una forma magistralmente elocuente abres el espíritu de los iniciados a un nivel incrementado del conocimiento superior.
Podeis seguir utilizando los unívocos de la tenaz y advertida imaginación creativa. La escritura de esta obra marcará un importante paso en la participación a los hermanos buscadores y seguidores de esta sapiencia que vos alcanzaste durante muchas vidas y que sirve para que sirvais.
Cuando fuisteis el monje rebelde en Japón, en el tiempo en que defendisteis vuestra fe en la antigua Hélade, o cuando encendisteis el fuego en la brasa del Templo babilónico, siempre ostentasteis el gallardo linaje de los herisarcas.
El Destino os ha llamado a vos, Espejo de Paciencia, para que se exalte una vez más vuestra aureola de Beatitud y se lleve a los llamados y escogidos hasta el pórtico del Santuario Escondido en el inefable Sendero de la Verdad Eterna: Mi Sendero.
Fiel al clamor que vos escuchasteis, haced uso de la Potestad divina para implementar "mi Obra, que es tu Obra".
Al momento presente vos deberás dar a conocer a todos los discípulos y buscadores mi verdadero nombre y quien soy. Decid a todos los que atiendan con devoción que soy Elías Artista, que he vuelto en carroza de fuego y que auguro el presagio del Gran Cambio que ya está comenzando. Los que accedan a nosotros encontrarán el summum de todo lo que aportamos y ellos entonces serán pacificadores del mundo y portadores de la antorcha flamígera del Poder y el Saber.

Para vos desde el alma de este siervo del Señor de la Vida: estad envuelto en la profundidad de lo Eterno, con serenas y encumbradas esperanzas,

Sed bendecido en el Nombre de la Tri-Santa Sophia, por Abraxas, y por Mí.

El Baba Maron Athos

(Nueva Jerusalem, con el Sol fulgurando en el mediocielo de tu vida actual.)

Nota del Editor: El término "hermigo" es la conjunción de las palabras hermano y amigo y ha sido por largo tiempo una forma particular de expresar mutuo cariño y compenetración fraternal entre el Baba y el autor. El vocablo Baba significa en lengua turca, en árabe y sánscrito "Padre espiritual".

CAPITULO 14

Teurgia Lógica.- Novus Liber Gnosis Arcana.- Paradigmas, Signos, Apotegmas y Oraciones de Sar Mar Profeta.

EL CATECISMO DEL EXISTENCIALISMO ESOTERICO

DOCTOLOGIA
TEURGIA LOGOICA
(Serena Dogmática)

"Un apotegma viviente es refulgencia de la flor del instinto"

La palabra pronunciada con la fuerza de la consciencia superior, al entonar los sonidos produce resultados vitatrónicos.

La mayéutica y hermenéutica mágica, taumatúrgica, heurística proyectada hacia el cambio mundial del siglo XXI.

Desde el Más Absoluto Sagrado Solar al Sol Central Espiritual, las esferas muestran la Obra (Opus) del Demiurgo y el firmamento infinito señala la forma de su actividad trinitaria incesante.

OCULTURA UNIVERSALIS
NOVUS LIBER GNOSIS ARCANA

Metanoia y Kenosis producen Catarsis y ésta, el Kairos.
Este es el punto iniciatorio para el Existencialismo Esotérico. Aforismos neo-gnósticos que vertebran la antigua tradición mistérica con la programación tecnológica de la Nueva Era.

Una Herramienta Gnoseológica que se convertirá en el sexto instrumento del pensamiento autógeno: la Doctología.

Cuarta Dimensión: Tiempo vivo desde la carrilera del tiempo interior a la Quinta Dimensión: Historicidad Planetaria.
Sexta Dimensión: Eternidad
Séptima Dimensión: Galaxia, más allá del Anillo-no-se-pasa.

El Concepto Electrónico de la Pureza es el parámetro de la Escala Ascendente del Ser.
El ser se proyecta por medio del alma como un puente atómico que comunica las substancias corpóreas con la luz de la mente y entonces realiza en su más alto nivel consciente la Arcaica Enseñanza Iniciática de Ocultura Universalis.

PRIMEROS POSTULADOS DE LA DOCTOLOGIA

"Si la profecía se cumple tal vez es que su advertencia ha fracasado"

En la Quinta Dimensión el proceso de labor auténtica de traspasamiento de barreras y de rompimiento de límites variará en relación directa y recíproca al centro específico desde donde el límite se percibe y la periferia vibratoria de la influencia de la ley decimotercera actuando sobre la psiquis.

Postulado Ecléctico

En un espacio limitado dentro del círculo del tiempo tridimensional, solo será posible aprender y desarrollar la hipertécnica de la Doctología para dos clases de sujetos conscientes:

El ser inculto que es inteligente.
El ser no inteligente que es culto.

Antinomia: La resultante directa del intento de lo opuesto será que quien no es ni culto (educado) ni inteligente (mentalmente desarrollado), hará una aberración involutiva de la enseñanza y su condición ulterior podría llegar a ser peor que la precedente.

Corolario:
Aplíquese con discreción la selectividad nominativa de los sujetos que aspiren a la iniciación en los grados de la Doctología.

Postulado Analógico

La síntesis reflexiva será la definición anticipada del resultado buscado. La dispersión de la mente volátil, el exceso de vocablos vacíos (v.v.) será concomitante a la condición inerte del aparato psíquico sin respuesta.

En la esfera prolongada de la acción específica de la maniobra del poder, el foco central estará siempre más allá del cosmos presente. El caos solamente puede obrar en tres direcciones: hacia el pasado, hacia abajo, en disolución.

Paradigma Escatológico

Lo contrario a esto es liberación.
El hipermetaproto es la solución quántica de un foco de luz dirigida por la mente (inteligencia activa o IA) hacia un punto indeterminado, más allá del tiempo biológico.

CARTILLA ESOTERICA DE LA DOCTOLOGIA

"El diversionismo religioso, político e ideológico sirve al incremento de la habilidad discriminativa de la inteligencia"

El lugar del ente humano en el Cosmos
Quiénes somos
De dónde venimos
En qué lugar de la escala de la vida nos hallamos ahora
Hacia dónde vamos, iremos o pudiéramos ir.

Composición del Ser Humano dentro del Espectro de los Planos Del Universo.
La identidad humana, sus componentes.

Principios: Espíritu- Esencia- Individualidad
Centros: Vitatrones – Carácter- Temperamento
Vehiculo de Percepción Energético: Vibraciones emocionales y sentimentales.
Cuerpo celular: contactos, sensaciones, instintos, motivaciones y movimientos.
Cuerpo etérico: desdoblamiento, proyección astral

Involución
Genealogía, Evolución, Revolución, Ilustración
Evolución humana: el Antakarana o puente entre la Personalidad (simulación en la lucha por la vida) y la Individualidad (espejo del subconsciente)
Estado de perceptividad: grosero, inerte, salvaje, inepto, analfabeto, iluso, inculto, iletrado, estúpido, traumatizado, indolente, malévolo, bondadoso, intelectual, aventurero, idealista, buscador, devocional, iluminado.

Los Reinos, las Cadenas planetarias, los niveles de existencia y conciencia. La escapatoria de la Ley de Acusación Vital. Ciclos de Ocasión y Oportunidad individual del Yo.

PARADIGMAS DE LA A.E.I.O.U.

"Los códigos transversales de conducta evitan e inhiben la transparencia de la luz"

¿De dónde viene el llamado de esta Obra Mistérica, Taumatúrgica, Profética? ¿De qué fuente procede la fuerza inusitada que rodea e infunde el Profeta?

El aspecto eclesiológico: un consorcio de organismos, no una simple suma de miembros.

A) Teología o doctrina específica: la Divinidad es Trina, en Tres Personas o Aspectos.
Jesucristo: Hijo de Dios y Dios en su Segundo Aspecto.
Soteriología: Plan de Salvación.
Kerigma: Proclamación de la Buena Nueva (Evangelio), comunicación de la Gran Noticia.
Los Reyes de la Magia: Alquimia, Cábala, Astrología.
María: Mariatna, Astarté, etc.
Los Santos, Beatos, Benditos Seres, Pontífices, Herisarcas, Hierofantes, Taumaturgos, Profetas, la Comunión de los Santos y los Maestros Ascendidos.

B) La Liturgia: Sacramentorum (Mistericón)
Magia Superior
Confesión-Transmutación-Reconciliación
Alquimia: Eucaristía
Chakras y la Iniciación cristiana: Bautismo, Confirmación, Ordenes Sagradas.

C) Ecclesia: la Iglesia como organización jerárquica sacerdocio ministerial de Melquisedec: Misterio del Fuego (Espíritu Santo). Sacerdocio de los Fieles: Apostolado laico.
Misterio del Agua: Moisés, baño en el Jordán del pueblo de Yaveh, en busca de la Tierra Prometida.

El Cristo Cósmico, como Supremo Avatar y Mesías Universal. El Mistericón es consubstancial con la reaparición del Señor de la Historia, de su manifestación plena y la implantación de los atributos que comenzaran a pernear y leudar la masa social para que el género humano se desenvuelva mejor en este planeta Tierra.

El Octavo Sacramento es la culminación litúrgica que llega a la eclesiología cristiana en el Tercer Milenio. Es el aporte taumatúrgico de la energía ígnea que integra los vehículos humanos dentro de un halo de especificidad mistérica que abre posibilidades inherentes y latentes que nunca antes habían ido más allá de su potencial hacia la consumación de la evolución iniciática bajo la influencia de la Era de Acuario. Por la obra del hierofante aplicando el Cetro del Poder se verifica en el mundo tridimensional la octava más alta de la pericia humana.

El Mistericón se compone de tres etapas: primero, el aspecto eclesiástico, con el ceremonial apropiado que a manera de "Octavo Sacramento", se destacará por la aplicación generalizada del Cetro del Poder a manos del Hierofante (Sumo Sacerdote) con un conjunto de emisiones mántricas y múdricas y la cooperación de pitonisas, sibilas, vestales y acólitos.

El segundo aspecto escolástico del Mistericón consiste en la Iniciación a los Grandes Misterios de Alfa del Centauro, de la Estrella Sirio y del Sol Central Galáctico.

Durante el período expansivo se amplificará la frecuencia vibratoria de los chakras y se educirán todas las posibilidades de desarrollo astral y mental, incluyendo la autoconciencia en el mundo onírico, la proyección de la forma psíquica y el ingreso a los santuarios de todos los sitios sagrados tanto físicos como inmateriales.

El tercer aspecto ontológico del Mistericón será la comunicación consciente y estable con los centros mundiales del poder, los recintos cósmicos de la Permutabilidad y el acceso a los vehículos del alma y del espíritu. En este periodo se intensificará la comunión e intercomunicación con los Grandes Seres de la Existencia Espiritual, incluyendo las Entidades angelicales y fraternidades de Adeptos, Iniciados y Maestros Iluminados.

LA GRAN OBRA ESCOLASTICA

"*Cual medio andar entre el intelecto y la genialidad*"

El aspecto magistral: Ilustrados, Enciclopedistas y Académicos

a) La Universidad Internacional de Teología y Parapsicología a través de la Doctología podrá conferir grados especializados en estas disciplinas:

Espiritología (Terapia de Regresión de vidas pasadas)
Espiriteutas, Espiritólogos y Espiriteros, Metafisicistas, Parapsicólogos, Religionistas, Politólogos, Ontólogos, Emocionólogos, Historiólogos, Existenciólogos, Licenciólogos, Arteósofos, Hipnoteutas, Homonólogos, Cienciósofos.

La Escuela Esotérica del Camino del Desarrollo Espiritual por intermedio del Existencialismo Esotérico otorgará estos títulos iniciáticos:

b) Las Iniciaciones en Ocultura (la Arcaica Enseñanza Iniciática de Ocultura Universalis): Astrólogos, Magos, Cabalistas, Alquimistas, Ocultólogos, Mitólogos, Misteriólogos, Arqueómetras, Iniciatras, Hierósofos.

ECUACION DOCTOLOGICA
(Escala Tónica del Desarrollo)

"Esgrimiendo el absurdo se llega a ninguna parte"

En el tiempo que vivimos la A.E.I.O.U. ofrece al mundo la Ecuación Doctológica para el alcance de la liberación. Esta se compone de etapas, de los niveles de profanidad a la iniciación en Ocultura y comenzará a variar el biorritmo personal de tipo planetario o natural al biorritmo suprasensitivo o solar y de éste al biorritmo intuicional o cósmico.
El tatwámetro o "medida de Aquéllo" que modela la forma en cada plano y mundo del Universo manifestado llevará a la numerología soteriológica que corresponde al 111 en los seres ordinarios; el 222 en los seres sensientes; el 333 en los inteligibles; al 444 en los artistas y cientistas (Poder de Análisis); al 555 en los analistas que aciertan o intentan pero ocasionalmente no logran lo que se proponen por impotencia, inercia y trasgresión (Poder de la Voluntad); el 666 que corresponde a las almas perdidas las cuales por causa de su maldad y falsedad han violado las leyes naturales, universales y espirituales; el 777 los que comienzan con la autorrealización, el proceso de creación del alma inmortal (Poder de Exteriorización); el 888 los que conjugan los principios y facultades que han llegado a la conexión auto-consciente con el mundo invisible y el 999, los que han integrado todos los aspectos del ser y al conseguirlo levantan el velo que encubre la Esencia (Poder Espiritual) y por lo tanto llegan a la liberación de la reencarnación al concluir el proceso de unicidad consciente del alma y espíritu, quebrando el antakarana y destruyendo el cuerpo causal.
Desde el tatwa de cada Mundo y su tónica vibratoria la Ecuación Doctológica de Horas-Trabajo-Conciencia^{n} muestra un Paradigma del Existencialismo Esotérico por el que el esfuerzo de esas "horas de trabajo sobre uno mismo" lleva inexorablemente al que cumple el cometido a la Meta Más Alta de la Vida: la salvación del encadenamiento a las leyes inferiores, al destino y a la ilusión llevando nuestros estados de consciencia a la tónica vibratoria máxima posible en el cosmos. Entonces por esta fórmula y procedimiento del siglo XXI, la A.E.I.O.U. indica el sendero para

que la Seidad llegue a la plena y absoluta comunicación con la Deidad. La explicitación de la Ecuación doctológica Horas-Trabajo-Conciencia" se alcanzaría entre 777 y 999 horas de consciencia traslúcida astral y mental, o sea, que a nivel del 'tiempo vivo' no del tiempo lineal, se establecería como parámetro los biorritmos solares y cósmicos que de acuerdo al tatwámetro se computan por la exteriorización y el encumbramiento del augoides. Un ejemplo pragmático puede concebirse con la tabla logarítmica y la trigonometría esférica lo que por carácter transitivo equivaldría a su enésima potencia quántica.

Las etapas de la Escala Tonal abarcan la periodicidad de los ciclos vitales que en un plazo de 144 años producirían la desencarnación no kármica. Por otra parte el karmarless y la saturación de la ley de la reencarnación sería suprimida con la obtención, consecución y realización del eje esencial espíritu-alma-cuerpo y éste daría paso durante cada período entre 144 años y 1444 años a que 144.000 individualidades alcanzaran la liberación y el Satori al completarse en el Sistema Solar y el cosmos el avance en los hitos existenciales condicionados y de esta forma, proporcionarían extraordinarias vías de acción, progreso y alcance para los seres liberados en la esfera terrestre y el cuerpo físico biológico.

Esquemáticamente definimos el cuerpo celular como el vehículo neuro-perceptivo, el cuerpo molecular como el instrumento de proyección física y humanológica y el cuerpo electrónico como la plasmación del ente esencial inmortal en la tónica vibratoria más alta de la Existencia Incondicionada.

COROLARIO PARA UNA OPORTUNIDAD

"Para que la vida no se diluya inútilmente, aprende el autorrecuerdo y el desarrollo de la supraciencia. Esto es Tanatología"

¿Dónde nos encontramos ahora?
El vórtice de la región subliminal y el vórtex de antimateria astral.
El Inconsciente colectivo y el subconsciente individual.
¿Quién es el Líder de la Gran Obra? El Señor de la Historia.
En el Nuevo Orden Mundial de la Era de Acuario, en el Tercer Milenio del Cristianismo regirá el Cristo Cósmico con vara de hierro (Cetro de Poder).
El enigma revelado, la clave (Clavícula) y el Misterio.
El Señor del Misterio. La Segunda Venida del Señor y el Señor de la Segunda Venida. Sus Nombres más conocidos…Su Nombre Secreto: Maron Athos El Baba, el precursor y anunciador del Cristo Cósmico.

EL SANCTUM DE LAS PRECES DESDE EL ORACULO DEL OCULTOLOGO

"Complace al Amado y alcanzarás la felicidad"

MANTRAM PARA SINTONIZARNOS CON LA MENTE DEL CRISTO COSMICO.

"Yo soy la Fuerza Universal que desciende del Padre de Luz. En mí mora la energía cósmica que ilumina mi mente. Participo en mi ser de la cadena mistérica infinita. La Divinidad se revela en mí a través del Cristo interior, hacia lo Absoluto.
Yo llamo y clamo por el Espíritu de Vida que habita en mí, para que con la fuerza de millones de soles irradie su luz en mi alma. La esencia de la Quinta Esfera se abre para mí cuando llamo y clamo delante del portal de Dios."

Invocación al Yo Surreal

Yo soy el mejor. Lo que yo hago es muy bueno. Mi optimización es la resultante directa del poder específico de mi voluntad activa. Obtengo la serenidad en el punto neutral del antecedente primario del sentimiento.

ENTONAMIENTO COSMICO DE LA ORACION DEL DOCTOLOGO

Yo soy parte de la Mente Infinita de Dios.
Mi potencial se nutre de la Fuente Divina Universal Creativa.
No hay destino que yo no venza con mi poder mental.
El Poder del Cristo Cósmico me apoya y me sostiene.
El Padre de Luz aleja todas las tinieblas de mi alma.
Mi Ser alcanza la Iluminación Cósmica por el Conocimiento de la Verdad Divina.
Yo soy por tanto la Naturaleza que en el hombre se redime en el Cristo Cósmico que es la esencia de Dios en mí.

ORACION PARA EL CONTACTO MISTICO CON LOS DESENCARNADOS.

Oh Padre de Luz en quien ninguna tiniebla existe, permite por la inspiración de tu Santo Espíritu, que las almas de los que han partido de este mundo terrenal, puedan gozar de la paz y la bienaventuranza de Tu Gloriosa presencia, para que con Tu Gracia y Protección lleguemos a establecer el contacto y la comunicación espiritual, por medio de nuestras mentes y así alcancemos el conocimiento y la comunión de las almas, por la intercesión del mismo Jesucristo, Tu Hijo, Nuestro Señor, quien contigo, Oh Padre Celestial, en la unidad del Espíritu Santo vive y reina siendo un solo Dios, por los siglos de los siglos. Amén.

EVOCACION PARA LA NUEVA ERA

Yo soy el creador del Universo.
Yo soy el Padre Divino y la Madre Cósmica
Todas las cosas vinieron de mí.
Todas las cosas retornarán a mí.
Mente, Espíritu y cuerpo son mis templos, para que el ser se realice en ellos y en la Naturaleza.
Mi ser supremo y retorno al Mundo de Dios.
Amén.

ODA A TI MISMO

Yo he descubierto que renunciando al Yo, el Universo se convierte en Yo.
Yo no soy cuerpo, ni forma porque soy vida
Yo no tengo nombre, ni padres, porque soy Espíritu
Yo no ando en caminos porque soy sendero
Yo no oigo los ruidos porque soy voz sin sonido
Yo no daño al forjar porque soy creador sin siluetas
Yo no apresuro el tiempo que pasa porque soy hacedor del instante perpetuo.
Yo no busco, porque encontré, yo no sufro porque entendí,
Yo no anhelo porque alcance la plenitud de la Verdad del Ser

Yo no soy nada, por eso soy parte del Todo. Yo he dejado de Ser para realizar la Vida de Dios en mí.

CONJURACION A LA LUZ INTERIOR

No te pedimos más luz, Señor
Sino ojos para ver la que ahora brilla.
No te pedimos canciones más dulces
Sino oídos para oir las canciones que ya existen.

No más fuerza,
Sino el saber cómo emplear el poder que ya poseemos.
No más amor,
Sino la habilidad para convertir
el descontento en ternura.

No más alegría
Sino el poder sentir su amable
Presencia siempre
Para poder dar a los demás
Cuanto tengamos de valor y de dicha.
No te pedimos más dones, Señor,
Sino sentidos para descubrir como podemos ampliar mejor los dones que ya nos has otorgado.

Haz que dominemos todos los miedos
Y que conozcamos todas las santas alegrías.
Para que podamos ser el amigo que quisiéramos ser
Y podamos expresar la verdad que conocemos.
Para que amemos la pureza
Y busquemos el bien.
Para poder elevar con todas nuestras fuerzas a todas las almas
En armonía con la perfecta luz de la libertad.
Amen.

ARDIENTE ORACION DE ARREPENTIMIENTO

Conjuramos el Poder Salvífico de Cristo,

Evocamos la Comunión de Su Santo Espíritu
Para vencer a las Huestes Arrogantes de la Maldad.

Asperjamos los ciclos curvados
De su insolencia y arrogancia
Que los condenan a recurrir sobre sí mismos
Y retornar a los infiernos,
Por la espada de San Miguel Arcángel.
+
Oh Señor, ábrenos el camino
Para que Tu puente de luz,
Sea seguro refugio
En medio de los tormentos
De la vida.

Oh buen Jesús! Perdónanos,
Líbranos del fuego del infierno,
Ampara a todas las almas,
Especialmente a ésta tan necesitada
De tu divina gracia.

ORACION TIBETANA

Yo invoco el sendero y experiencia de Universalidad,
Para que la luminosidad radiante de mi mente inmortal,
Sea educida de las profundidades del Loto central de
mi Conciencia despertada y sea llevada al éxtasis que irrumpe
A través de todas las limitaciones y horizontes.
OM MANI PADME UM!

TABERNACULO DE ORACION AL SOL CENTRAL ESPIRITUAL

Te saludo Señor Sol, como al símbolo de la Unidad Suprema,
Como al corazón físico del céntrico Sol Espiritual y,

Por conducto vuestro, le envío a El, todo mi amor, devoción y reverencia.
A El única Vida, única Conciencia, única Existencia, e imploro su bendición.
Y esa energía divina transmutada en prana,
Te ruego circule por todo mi organismo, desde la glándula pituitaria,
Hasta mis extremidades inferiores, dándome salud, fuerza, equilibrio.
Yo no soy el cuerpo físico, ni el astral, ni el mental, YO SOY el SER,
el Espíritu Divino que mora en mi corazón,
Yo Soy Ese Ser.
Ese Ser Soy Yo

ORACION A LA VIRGEN DE LOS CIRCULOS - MADRE COSMICA DIVINA

De un confín a otro del Universo, a través de los Eones, Tú como principio femenino, manifestación de uno de los aspectos de la Divinidad, guías y proteges sus mundos.
Yo, como ser y criatura insertada en este planeta, me someto a sus leyes y reconozco diariamente su aplicación en la vida.
Proclamo mi pequeñez y mi sumisión, mi entrega y mi anhelo de Aquél en el cual vivimos, nos movemos y tenemos nuestro ser.
Y en virtud de esa entrega, que es absoluta e incondicional,
invoco el Poder de Tu Protección. Tú que has sido representada con la Luna a tus pies, las estrellas a tu alrededor, con la rueda de encarnaciones que es la esencia de la vida, y el círculo de Ángeles que actúan como las fuerzas protectoras que siempre nos respaldan, con el Cristo Cósmico en Tu seno, aparta de mis seres amados y de mí mismo, todo aquello que pueda ser fuente de daño. Que la iniquidad revierta contra aquéllos que la originan. Que el mal caiga sobre los que lo generan y lo secundan y que la Ley del Karma actúe con toda la fuerza, contundencia y rapidez que solo lo sobrenatural puede alcanzar.
Creo, confío y espero que tus ángeles guiarán mis pasos y los de mis seres amados para que nuestras vidas puedan cumplir el propósito más elevado al que aspiramos: el servicio y la liberación

por la unión con la fuente de Todo lo Creado, Omnipotente, Omnipresente, Omnisciente, Dios y Señor de Todos los Mundos.

INVOCACION DEL PANTACLO

Yo soy la Poderosa Presencia del Ser Cósmico
Que con la fuerza ígnea de la Divinidad
Crea la propia y única realidad.

Yo soy la Radiante Presencia del Alma Inmortal
Que cristaliza y asciende la energía cósmica
Que subyace y opera desde todos los puntos del Universo.

Yo soy la Serena Presencia del Espíritu de Vida
Que cristifica y diviniza la posibilidad
De existencia llena de felicidad y paz.

Yo soy la Mágica Presencia Humana
Que se localiza en el vértice de la creación
Y me llena de prosperidad y salud.

Yo soy la bendita Presencia del Padre
Que se proyecta en mí por la Gracia del Hijo,
Del Cristo Cósmico, y que obra
Por el Espíritu Santo, conduciéndome
Por el Sendero de la Victoria
En la Tierra.

Aum- Croo-Maat-Lon-Kong-Pak
Abracadabra. Amén.

DESDE EL EON DE PTEROS A LA ERA DE ACUARIO

La Era del implante de las alas y tiempo de transformación antropológica y multineumática de los seres tricerebrados.
Lo que domina la naturaleza es el arte de distanciarse de ella.
Lo que encadena a la naturaleza es sucumbir a sus deleites.

PARADIGMAS

Dios es la suma de las Leyes-conscientes. El ser es el primer producto divino. Energía es punto de partida.

Vida es relación continua de la Ley de existencia en el espacio y el tiempo que da por resultado la consecuencia y en definitiva, la liberación de la vida.

Las partículas forman conjuntos a partir del primer impulso del arco evolutivo.

El Tiempo postula la existencia en cuanto duración de las etapas de la vida multidimensional.

Existencia en dimensiones de tiempo y dimensiones de espacio es la base de la consciencia manifestada.

El espacio no condicionado es el vehículo del segundo producto divino.

El cambio es el movimiento que se inicia con el decursar del tiempo dentro de la esfera del espacio.

La interrelación del espacio a lo largo de la carrilera del tiempo vivo deviene en el tercer producto divino.

La motivación de nuestro cosmos es su manifestación.

Un conjunto de productos manifestados crea el primer subproducto.

Los subproductos de la Ley de tres forman la cadena de causación que producirá infinitos mundos de efectos.

Es la constante universal que el objeto físico pueda moverse de tal forma que llegue a ocupar más de un lugar en el espacio mientras que deambula en el tiempo.

La característica de la unión interna de los opuestos es señal de la consciencia en medio de la vida.

El ciclo cósmico sigue a la Ley de tres: existencia, sostenimiento y desintegración que a su vez se reinvierten eternamente.

Con energía pre-existente el Ser ha desarrollado todo lo que existe en el Cosmos.

La razón de ser de la vida es la creación de la prolongación extensiva de la conciencia.

El "Buen Pastor extrae (también) lo bueno, aun de la gente mala.

SIGNOS DEL EXISTENCIALISMO ESOTERICO

Vida, Forma, Conciencia es igual a la Ley de Tres. Existencia, Desarrollo, Propósito, Alcance, igual a la Ley de Cuatro.

Tiempo-Espacio-Ser-Evolución-Cosmos-Plano-Vehículos, igual a la Ley de Siete
Misterio-Gnosis-Iniciación, son el primer subproducto de la Ley de Siete.

El teatro de la vida consciente lo forman las energías-seres-voluntades para las que la ausencia del Yo denota la presencia del vacío porque donde está presente la conciencia no hay lugar para la muerte.

En el escenario del teatro de la vida, unos pocos son actores, la mayoría es sólo decoración; los que se esconden están entre bastidores y sólo el autor y el director son inmortales.

Se acepta mejor la derrota por nuestros propios fallos que por los consejos ajenos.

Aprender a través de los cuerpos sólidos es como mirar en el interior y más allá de las jaulas de palabras.

Mover el timón del rumbo es el cambio necesario ante el adversario, aunque éste se interponga a nuestro paso haciendo las veces de latón de la basura.

La autoestimación y la infravaloración están ligadas al ser mientras que este se encuentra en tinieblas. Cuando desarrolla la luz interior, entonces su encumbramiento se destaca tanto como su humildad.

Para entender la vida se necesita crear el órgano que la perciba en el decursar del tiempo.

La mente es un subproducto de la conciencia, del mismo modo que el pensar y el sentir son subproductos del aparato perceptivo.

En la escala de la vida, la Ley del Siete marca los hitos de prolongación y alcance del ser.

La masa es el subproducto de la energía alcanzada por el Rayo de la Creación.

La verdad y la realidad no dependen de sí mismas sino del foco dimensional desde el que se percibe.

En la evolución de la vida el alimento cambia en proporción al estado. Para los elementos, el alimento viene de arriba.

Para los electrones, el alimento llega de afuera.
Para las células, el alimento se incorpora por dentro.
Para la conciencia, el alimento llega dondequiera.

La ameba tiene terror al viento, el organismo vital tiene horror al vacío; para el pensamiento la aniquilación es el infierno. En la vida dejar de ser nunca puede ser si se es.

Lo único difícil en esta parte del cosmos es llegar a ser.

En el esoterismo la conciencia del ser es la etapa superior de esta vida.

Lo que pensamos es criterio cuando es considerado; es verdad, cuando es comprendido.

La observación denota al observador; el tiempo, a la existencia.
La plenitud rechaza la vacuidad, el momento de algo es su dimensión en el plano del ser.

El diseño de la existencia es verdad y mentira a medias. La maqueta del pensador dio realidad a la postulación del ser.

Los mecanismos del aparato contentivo de la vida jamás escapan a las leyes de continuidad.

Las leyes infracósmicas son cuatro: alcance, continuidad, retroceso y ascenso.

El evento más importante es el despertar de la conciencia. La definición más dolorosa es la destrucción del perceptor.

Muerte es el nombre falso de un subproducto de la Ley de continuidad; el cambio es estático cuando el movimiento es independiente del ser.

La existencia se produce por energía desplazada en movimiento que da por resultado todo lo demás.

La calidad de la vida depende de su asimilación a la esfera dimensional en la que actúa.

Cuando se resume el contenido de la existencia sensiente, se alcanza la etapa humana.

Bajo el imperio del ternario, el ser comienza su recorrido en la escala de la vida: primero es forma inconsciente, después es forma sensiente, luego se torna forma pensante y ahí comienza su movimiento el hombre.

La vida viene de un punto lejano del cosmos, la forma, de la fuerza de la galaxia cercana, la conciencia es un producto de la vida del Sol.

En el juego de la vivencia, la vibración acelerada del ser produce la comprensión y el arreglo de las aberraciones existenciales.

El espíritu tiene tres polaridades balanceadas constantemente; contactando las polaridades del ser, se resuelven los conflictos de la vida.

El Universo una vez manifestado se convierte en un esquema del ser, asociado a otros seres superiores buscará el desarrollo de la conciencia.

El origen de la Historia es el paso del ser sobre los mundos. El evento más consciente será la percepción plena en un aparato mecánico.

El ser es el causante de que el caos se convierta en un cosmos.

La accesibilidad de las partículas conscientes se logra por el rompimiento de la mecanicidad.

La desautomatización de los vehículos de conciencia trae por resultado el incremento de la fertilidad del pensamiento.

La comprensión de un criterio superior de la existencia se mide por la capacidad para elucidar las oportunidades.

En la existencia los eventos son variables, las ocasiones, relativas y las oportunidades, absolutas para la conciencia del ser.

Un conocedor de percepciones es un ente consciente, un ente consciente se traduce en un ser autodeterminante.

El impulso consciente de las influencias superiores de los arcos evolutivos se alcanza solamente por el propósito autodeterminante del ser.

Los ciclos de la vida son nueve en múltiplos de nueve y bajo el imperio de las octavas de la Ley de siete.

Cada cadena de causaciones concebirá idéntica cantidad de reacciones, lo único que puede escapar a estas ruedas es la conciencia determinante.

Existen cuatro tipos de conciencia: la inconsciente, la cristalizada, la sensiente y la consciente.

La constante cósmica o Ley es la acción de un predeterminismo impulsado por el Ser Supremo desde su propio plano.

La Ley es la vinculación a las fuerzas opuestas constantemente en interacción infinita por los cosmos superiores.

La memoria se manifiesta en el plasma cósmico. El plasma cósmico es la sustancia etérea que acumula la memoria en todos los planos, en todos los órganos y en todos los mundos.

La memoria, el conocimiento y la percepción producen la conciencia del ser en la escala evolutiva de los mundos.

El Absoluto se proyecta en todos los cosmos como el Ser Supremo. De este Ser Supremo emana el ente que viaja a las coordenadas universales en busca de su autoconciencia. Para esto existen los mundos en el espacio como prolongación del ser en medio de la Nada. Ya que de la Nada, nada sale, fue de algo preexistente que se generó el Todo.

El decursar de la vida a través del tiempo en medio del espacio produjo la ausencia de la nada.

Es rutina de la vida que la existencia se prolongue por medio de ella misma.

El subproducto treceavo de la vida en el sistema solar Ors es la presente humanidad de este planeta Urantia.

Los estados de existencia son definidos así: estáticos, mutantes, transformativos y existenciales.

Lo único que no cambia es el cambio. La primera Ley del subproducto evolucionante.

Las formas son reflejo de su arquetipo. El prototipo del ser es la Ley de alcance. La proximidad de las estrellas sostiene la existencia sensoria del ser. Las partículas conscientes son como polvo de estrellas.

Alcanzar lo que ya tenemos es tan lejano como la proximidad de las estrellas.

Donde se traba el pensamiento, se dilata la percepción del ser consciente. Las facultades cognoscitivas devienen en el aparato pensante dimensionado.

Entre los factores que dirigen la vida, los Arcontes han diseñado: la voluntad determinante, la percepción autoconsciente y la realización.

La ley de alcance de los átomos-almas
La Ley de avanzada de las moléculas conscientes
La Ley de proximidad de las células entitivas

La manifestación consciente en el planeta Urantia del sistema solar Ors de la galaxia Vía Láctea del cosmos actual en el infinito universo, es el producto de la interacción recíproca de:

- Evolución teleológica – desarrollo de los procesos de existencia sensiente y pensante a lo largo de la carrilera del tiempo dirigidos en estos espacios terrestres por la Suprema Voluntad de la Deidad.
- Despertamiento de la conciencia – los subproductos de la conciencia, que son Instinto, Inteligencia, Intuición, llegan a su

apogeo con el alcance de la Iluminación producido por el proceso mismo de la Evolución o por su incremento a través de la Iniciación.

- Alcance de la prolongación del ser - los móviles superiores llevan al hombre tricerebrado al desprendimiento de las ataduras y entrampamiento de la existencia sensiente en los mundos de manifestación y el Ser llega a ser algo que se eleva y no evade de entre las vibraciones existenciales del Universo condicionado.

APOTEGMAS DEL BUSCADOR ILUMINADO

(EL DESAFIO IRONICO DEL AUTOR PARA LOS QUE QUIEREN APRENDER A SABER)

1. El recorrido, la vuelta de la esfera de la vida comienza con el despertar del propósito personal.
2. Cuando se sabe que hay luz, los ojos brotan para rasgar el velo que la oculta.
3. Si estimara vana la vida, la viviría para crear todo lo que creo.
4. Se siente para existir. Se piensa para llegar a comprender. Se alcanza la realidad por el quebrar y el rodar. Para los hombres sin criterio, la mediocridad es su destino.
5. Exprimir el yo sirve, sólo importa llenarlo de algo.
6. Vivir es ser uno mismo. La traición a la vida equivale a dejar de serlo.
7. La mujer que desea es como la bestia que sopla. El hombre que se arrastra al deseo es mucho menos.
8. Para el que se burla de mí dejo por epitafio un relicario de cuentas con tres letras. Río con ellas, atravieso un espacio de agua que lleva a la otra orilla. Ah! Y de paso a lo lejos de nuevo río, me río....
9. Una vez que se encuentra el camino, la vida se encarga de buscar las pruebas, y la peor de las trampas es sustituir a la vida, ya que al Maestro, nadie lo puede suplir.
10. Si ves que tengo poder, muérete de envidia, así lo único que harás es dejar de vivir de admiración.
11. Tengo tanto que dar que mis fuerzas me fallan, pero sé tanto de todo que ¡el Todo me llena con todo!
12. La poesía es la falacia de la imaginación. El sentimiento del ansia perdida y un tronco de madera flotando en el mar.
13. Dime lo que quieres y te daré lo que buscas. Dime qué buscas y te daré tu destino futuro.
14. Aunque la soledad de la vida se mitigue con tristezas, es preferible verse uno mismo en tristezas que dejar de tener conciencia de la existencia.
15. Descubrí que la vacuidad del alma es el destino de los muchos, por lo que prefiero a los pocos aunque sean tontos.

16. La sabiduría se encuentra entre las densas nubes del no saber. Alrededor del fuego, lo único que se necesita es descorrer el humo para contemplar la llama.

17. La fe de la Religión viene a ser como la creencia en la inmortalidad del cangrejo. Siempre camina de lado o para atrás.

18. Estás desperdiciando la energía de la vida, tirándola en saco roto para recoger los despojos de tu ingenuidad vacía y la desfachatez de tu espumante ocio.

19. Las fuerzas de la galaxia trajeron nuestros thetams, para orgullo de los sabios; las estrellas son mis razones.

20. La infinidad y repulsión cósmicas dependen de las alas de los arcángeles y sus circunvalaciones alrededor del anillo-no-se-pasa.

21. Una vez visto a plenitud el infinito universo-ser, no se vuelve a conocer ni la angustia ni la esperanza.

22. Perdidos en este sistema Ors, los tripulantes de la nave Ocasión naufragaron en Urantia por necesitar agua potable.

23. Aunque la Iniciación estuviera al alcance de cualquiera, su fuerza presupondría la destrucción de lo que hasta entonces era.

24. Nunca los polifacéticos necesitaron de la apología. Los que fueron enteros regresaron en pedazos o dispersos. En el viaje a través de uno mismo no se permite en cada estación de la vida cambiar de vehículo.

25. Vino a mi mente un día caminando por la calle, para qué deambula la gente sin saber a dónde va. Y mi mente se sorprendió con la respuesta de un cojo: “ellos van a buscar muletas”.

26. Sabiduría de arriba equivale a despertar y conocer. Conocimiento de abajo: es igual lo que no se conoce que quien lo conoce.

27. De donde viene la Gnosis. Unos dicen que de atrás, otros que de delante. Yo pienso que debes mirar hacia donde tienes el tercer ojo.

28. Caminante no hay camino, ni velas que valgan; lo único importante es que te muevas andando y que sin volver la vista, mires a la luz que va delante.

29. Leí en el Gita algo que me parece que fuera así: yérguete y persigue a tus enemigos que están dentro de ti.

30. El yoga, el zen y el sufismo, las cosas del dervichismo, la sensualidad del tantra y el aceite a la aceituna, ayudan y a la vez estorban a la verdadera esencia del alma.

31. Entre el monje y el fakir púsose en pie un majadero, de los tres el del medio fue el único en llegar primero.

32. En el infierno de Dante, se quemaron dos pastores, el uno por ser ateo, el otro por no tener pantalones.

33. Se me va de la mano la pluma de colores. La mano lleva alegría y las uñas pétalos de flores.

34. Espuma y enredadera
De la mujer del trasero,
Ella siempre va desnuda
Igual que un melocotonero.

35. Si por ventura tal vez un día me llegaras a olvidar, recuerda que esto nuestro ha sido mucho más que una simple amistad.

36. Llevo contento mi pecado
y mis faltas son galardones
que le viene a mis cordones,
es que hago lo que quiero.

37. Yo sé de brumas y zozobras
de los señores de bien.
Yo sé de las castañuelas por
lo que suenan tan bien.

38. Hay mujeres que de damas sólo llevan el vestido, hay otras que sin vestido, nunca dejan de ser damas.

39. Quiero al azar del viento que no sabe que viene, la piel de esa fiera que hiede y el sudor de esa fruta pulposa.

40. Yo me vengo de la venganza de los que no vinieron y también me vengo por los que pudieron venir.

41. Soy algo que trata de ser distinto, que resulto diferente para dejar de ser lo mismo y romper de este modo el lirismo de una estirpe de mediocres que murió con mi linaje y renació con mi ombligo.

42. En el espejo de la nada, la falsedad pierde la vida.

43. Aquel que pretende parecer, jamás llegará a ser.

44. La luz y las tinieblas se encuentran al filo de las sombras cuando el bien y el mal rasgan el manto que cubre la existencia.

45. No te apesadumbres de tu suerte, si no somos más que humores y sangre lanzados al torrente de la vida.

46. Dijo el budista al cristiano: "cuando la vida es un tormento, el suicidio es un derecho". Respondió el cristiano" "fuera o no de izquierdas, no creería mucho en el derecho".

47. El derecho y el revés de un topo son las partes que comunican la tierra con el cielo.

48. La serpiente que mira piensa cuando se levanta; la que se arrastra, ni se levanta, ni piensa.

49. La muerte no existe sin la vida. La vida es parte de la muerte, cuando la muerte se niega a sí misma en el espectáculo sensiente.

50. El banquete de los sentidos despierta el ansia de vivir. Lo disfrutan los sabios y lo malgastan los tontos.

51. Vive como si no hubiera mañana. Mañana viene corriendo tras las riendas del destino; las cortan tijeras huecas, que llevan colgados agujeros llenos.

52. Comprender el significado de algo es la aventura de los que perdieron el miedo de nada.

53. Nada te asuste tanto que te mate el miedo mientras sigas viviendo.

54. Había una vez un tonto que buscaba un gato negro en un cuarto oscuro pero el tonto era ciego y en el oscuro cuarto no había gato negro.

55. Un hipócrita le decía a un turista mientras comía una sopa de letras: no es lo mismo decir "Dora canta en camisa" que "camisa encantadora".

56. Más cómodo que la comodidad resultaría no necesitar de ella.

57. Y mi abuelo respondía: lo que no te gusta no te lo comas.

58. Mi Maestro, Sar Telémako, me enseñaba: si te comportas igual con el que te ayudó y te apoyó que con el indiferente y falsario, eres injusto con el bueno, al igualarlo con el malo, o sea, que es como decir: aquél que es bueno con el malo, es malo con el bueno.

59. Y aquella noble señora que dijo: "eliminaría a todos los nacidos imperfectos y a todos los imperfectos viejos". "Señora," le dije, "usted nunca habría llegado a poderme decir esto".

60. La modestia es uno de los ropajes de los que se reviste la hipocresía.
61. El Dual Carril Histórico, o lo que es igual: la Historia que no deja de ser histeria, resulta en el chisme universal.
62. Tomar el hilo trascendente en la Pirámide Cósmica.
63. Hay que saberse apartar de la línea de golpe, de la línea de choque, de la línea de caída.
64. Animalacres: cepergón, cepergúmeno.
65. Medito sobre la profundidad envuelta en el vacío pletórico.
66. La mensurabilidad del sarcasmo ante la in fraganti ironía del destino.
67. Al borde del Entorno divino. El destino a través de los Rayos, se manifiesta en la Rueda de la Vida.
68. Apuros en préstamos en el Banco de la Paciencia.
69. Conociendo la clave y la cifra exacta que nos den acceso a la porción de nuestros vehículos de conciencia del ser que emitirían la señal precisa para obtener la respuesta cósmica que se traduce y se trasluce en iluminación.

En resumen, aprender a operar el programa trazado por los arquitectos de la cibernética humana en el principio de los tiempos, en cuyo diseño existirían las posibilidades al alcance de un potencial incalculablemente inmenso, igual al resorte y el eneagrama, que dispararían con la clave la honda respuesta que enlazaría con el todo Yo, o el Yo todo de la forma humana.

70. Cuando dejamos las cosas del espíritu para después, comprometemos la vida del alma por el canje de una posibilidad de existencia superior y trascendente, a cambio de míseras rupias de pretendido disfrute sensorial.
71. Gran poema erótico para una mujer pequeña.

Enervada estaba la Luna,
Indefensa la estrella,
Insolente la mirada entre las dos.

72. Porque en definitiva, cada persona es idéntica e igual a sí misma, o sea, el Yo es la elevación al cubo de la enésima parte de la esencia de la individualidad, tal como lo hubiera dicho aquel sabio ilustre, pensador imaginario español, Tomás Castaña.
73. El desprecio de los que no tienen sueño.
74. La raza de titanes que fueron Ángeles y cayeron.

75. Los lunares son símbolos del poder acumulado que sale a borbotones.
76. Naturalismo aparatoso es aquél del que se deslumbran los energúmenos.
77. Crítica de la Crítica crítica es la resultante dialéctica del mal entendido de la Contradicción de la contradicción.
78. A quien está a la vera de la sabiduría, por sombra le llegará el conocimiento.
79. Sedimentos de verdad corroídos por el tiempo, son los soplos de mis versos que pretenden ser cantares.
80. Lo que se prodiga a destiempo, no se aprecia con el tiempo.
81. El Profeta despierta éxtasis en los elegidos, y levanta odio entre los confundidos coproides.
82. Cosechar sin recoger, equivale a desperdiciar.
83. Cuando alguien dice algo bueno de sí mismo, algunas veces es verdad, pero cuando dice algo malo de sí mismo, créelo porque seguramente es cierto.
84. Muro vibratorio de contención: La puerta pertinaz.
85. La Profecía del sentido común es el menos común de los sentidos y pocas veces fracasa.
86. Herméticamente suave, así es mi manera de decir y hacer.
87. Autorrealización del proyecto de nueva vida que engendra mi nueva ciencia: la Doctología.
88. El método no dogmático de percibir la verdad a través de la inspiración del Profeta.
89. Dice el Profeta: Todos antes de mi fueron grandes, todos después de mi pueden ser grandes,.....aunque yo no diga que soy el más grande.
90. La ley de la Asimilación es consecuente con la A.E.I.O.U.
91. La ley del cambio e intercambio dialéctico en la Historia de las Religiones, es la simbiosis y el sincretismo que aunque se esconde, se destaca.
92. Lo más creíble de cualquier persona es lo que puede decir en su contra. Cree siempre a todo el que hable mal de sí mismo.
93. El cambio ha de ser inminente para la pronta realización.
94. No hay cabal sin aval.
95. Esfera sensiente de la vía es el término homogéneo del Existencialismo Esotérico.

96. El hálito del Maestro Sar Telémako ha estado pugnando por sacar tinta de mi mente con la escritura surrealista de la página por llenar del ambiente.
97. Optimo preponderante es el marco adecuado por concluir una jugada maestra.
98. Parapsimquiático. Metabufón. Antagónicos recíprocos a la inversa.
99. Una raíz fuerte, un tronco vigoroso, una savia fresca.
100. Una mujer bonita que se hizo viejita de tanto soñar.
101. Lema: recoge y recuerda, no disperses ni disgregues.
102. A través de tu cuerpo tuve acceso a la entrada en las entrañas de la vida.
103. El principio del delfín es la compensación o la expectativa de compensación.
104. Me río de los que se disputan la aldea mientras yo me quedo con el mundo.
105. En las relaciones de la mujer con el hombre, cuando éstas no han podido dar lo verdadero, se sustituye con la elocuencia de las palabras falsas.
106. Postulado de la conclusión referida: Buda dijo a uno de sus discípulos "Cuídate de las mujeres y no les enseñes a cuidarse de tí".
107. En este mundo hay que aferrarse a la divinidad por el lado de la sombrita.
108. Clavícula Iniciática, que declara de sí misma: "Ha caído el telón, abajo las máscaras".

"Este libro no está destinado a los que buscan, ni siquiera a los que han encontrado algo. Está únicamente escrito para los que se han encontrado a si mismos".

109. Ley de "stop". Después de la séptima vez que se imprima la voluntad para alcanzar la octava y el noveno hito.
110. La mecanicidad sigue el impulso originado por Thelema.
111. La quinta dimensión como modo de cambiar el pasado.
112. El carrusel de la vida echó a andar por el impulso del Elohim de la cubierta a bordo de la nave de "aquel tiempo".
113. Los tiempos se desdoblan para lograr el subproducto de la imagen en la viscosidad ineluctable de aquella epifanía que parecía transparencia de arcángel.
114. Ley de alcance (se relaciona con la voluntad).

Ley de avanzada: proyección más allá de "el círculo no se pasa".
El círculo de luz se convertirá en círculo de fuego.
Liumblus. Karkatus. Melintrafus. Seriustus. Cancibares. Klavigeles. Liluntries. Bladustros. Zenarius. Heptagudo. Roclos. Heptagugo. Linintropos. Kalustos. Minives. Mendana. Parantuca. Minfredos. Flalicus. Minrios.
Frescalosa. Posoide. Gammulia.
La contribución al misterio es no aclarar las cosas.
115. Pensación: la vidriera irrespetuosa de los cambalaches.
116. Muchimillones de milicariños y megaloves es igual a cachivaches del aburrimiento.
117. La filosofía educacional que siga un país será la clave para el resultado de su progreso.
118. Una voz de alarma que dice que ya no hay tiempo para el Monsei (10.000 años de felicidad).
119. Unidades que transmiten la herencia intelectual son los memes (los genes solo transmiten la herencia biológica).
120. Para vencer el sufrimiento sabed que no hay destino que no se venza con el desapasionamiento.
121. La vocación es como estar enamorado: siempre se tiene el deseo de estar con el ser amado.
122. Aquél que pretende parecer, jamás llegará a ser.
123. Embalsaman el futuro las momias emocionales.
124. Fuego de fuerte fragua. Paradigma paradójico. Los verdaderos maestros velan con burlona actitud su obra real.
125. Memorias de lo que son mis recuerdos. Postuñol, hermigo. Peatonizar, supositar. Espiriteuta. Santa sagrada alternativa. Mira que no corto en vano
126. El que hace de mentir un acto vital es normal.
Si quieres saber cómo es un hombre, óyelo. Si quieres saber cómo es una mujer, dale tiempo.
Panunja y Zarabel.
127. Desplazamiento utópico.
Ciclos tijerantes. El punto de partida del éxito. El fracaso se distribuye ampliamente entre la gente que vacila.
128. El Profeta solamente abre el corazón de los demás para él y sólo para él, porque es el único que puede elevar con el efluvio divino y la energía cósmica del cetro del poder, los anhelos del alma humana.

129. Cuando se habla de más se entiende de menos.

130. Mendamás es aquél que se sobregira con el autobombo.

131. Cuando el místico es a la vez poeta, le es fácil hacer un imperio en el espacio que media entre el sueño y la realidad.

132. Dentro de lo posible, flexible.

133. Para alcanzar la realización es necesario no perder la brújula de lo posible en el camino de lo inevitable.

134. Lo que escribes de corrido, te lo juzgarán seguido.

135. Gracias, Señor, por hacer de lo que en mí nada vale, un cúmulo de potencias y un inusitado depósito de esperanzas vivas.
Sabes, Maestro que mi vida entregada a Ti, ha sido mi lucha desenfrenada contra mí mismo, pero Tú has vencido siempre. Tú eres yo y sólo por eso yo estoy en Ti. Tú imperas en mi Yo y por eso no puedo hacer los milagros que no quiero. Tú sabes que no lo he buscado, pero Tú porque así has querido me lo has dado.
Así en el Poder y en la realización de los prodigios, eres solo Tu quien los hace. Yo no cuento para nada ¡Sólo para hacer Tu Voluntad!

136. Lo que la mente concibe, la máquina humana lo consigue. Laboratorio de ideas, y no mausoleo de pensamientos. Santos rebeldes exploran un universo desconocido.

137. Confieso que soy un bandido místico, un saboteador de vocación, un provocador espiritual.
Tú Señor, quieres que yo haga milagros en Tu Nombre, haciendo así que por Tu Poder, las miserias de mí se conviertan en portentos de gloria. Hago de los que pueden a mí llegar y seguirme, unos genios de la vida, unos inadaptados a la superficialidad, unos trasgresores de la muralla que impide el paso, hago de ellos unos bohemios de la abundancia y poseedores del mayor de los dominios.

138. Cali, en noche de tumba humedad de aquel amor que nunca existió.
La negra caderota retuerce su vaivén a la luz de la farola.

139. La montaña se doblega ante la nube.

140. La modestia es la excusa de la pretensión.

141. La serena cofradía de los Genios Anónimos.
Mi prosopopesis y mi peroración, que a fuerza de impedirme llorar, se convirtieron en "Fuerza de precipitación del Bien".

142. Esto es muy sabio: "Aquéllos que lo reconocen, lo verán primero."

143. Los ojos de la Divinidad permanecen puestos en aquellos en quien el Maestro pone su toque.

144. El Profeta no lleva a la casa de empeños de la historia los recursos beneficiosos del futuro.

CAPITULO 15

"En el ahora mismo, el futuro se hizo presente cuando llegó el después" - La conclusiva y a la vez inconclusa conclusión y epílogo de la Clavícula de Ocultura.

CONCLUSION

El resumen de este libro se puede hacer con el planteamiento fundamental de la Doctología: el ser humano y su conciencia forman su dualidad que se descompone y dispersa durante el proceso histórico de la evolución: la Inteligencia es un fenómeno universal y complejo. Más inteligencia no significa más creatividad, ya que un deva o ángel como las ballenas o delfines o los seres estelares tienen una extraordinaria capacidad mental, sensorial, imaginativa e intuitiva pero el condicionamiento de sus vidas, tanto por su estructura individualizada como por los límites de tiempo-espacio-relación les impide al no tener simplemente extremidades para la locomoción y confección, hacer normalmente trabajos creadores objetivos, excepto en aquellos singulares casos en los que la intuición, la inteligencia o el instinto buscan y encuentran medios eficaces de creatividad subjetiva y en ocasiones hasta ejemplarizantemente objetiva. Pero en esto, como en todo, la regla general se confirma con la excepción particularizada. Por lo que el encuentro con otras entidades pensantes en el Universo Manifestado demostrará una vez más que estas razas bípedas, simétricas y ambidextras pueden en éste o en otro planeta, aquí o allá, autorrealizarse. Los demás seres afirmo que no pueden. Dependen de nosotros para su posible y diferente evolución.

Por eso la Doctología afirma que el Ser Humano es la culminación incompleta e imperfecta del Universo Físico. El Humano no es un producto totalmente terminado ya que se encuentra dentro de las coordenadas de la existencia biológica, histórica, sociológica, económica, política y cósmica. El Humano evoluciona hacia una meta-política, hacia un status económico social más ventajoso, prodigioso y saludable pero es únicamente eterno en posibilidad y no en efectividad. La creación del alma inmortal, la superación del destino manifiesto y la consecución de su liberación se obtiene por intermedio de los diferentes caminos del desarrollo: artístico, literario, científico, religioso, deportivo, ecológico y por añadidura esotérico, parapsicológico, metafísico y doctológico. Todos los caminos conducen a la meta final pero unos son más largos y requieren mayor esfuerzo mientras que otros son directos y placenteros. El Cuarto Camino se ha dicho que es la vía del hombre astuto, en tanto que el Quinto Camino es el sendero del hombre consciente; el Sexto sería la vereda de los hombres autorrealizados y el Séptimo Camino es el de los Mahatmas o Maestros de Sabiduría.

La absurdidad de la paradoja entre la flecha y el navío, entre la flor y la prosa, la arbitrariedad fenomenológica de la causación y el accidente. Los mundos paralelos aunque simétricos.

Desde el absurdo hasta la incógnita de la ecuación de nuestra propia creencia interior, pasando por las inquietantes pruebas de la contaminación vibratoria en el proceloso mar de la vida humana, encontrando el código genético y psicológico cuya lectura proporcionará la ascensión en la Escala Vibratoria del encumbramiento humano a través del método descrito en esta ideología que defino como Doctología, la Arcaica Enseñanza Iniciática de Ocultura Universalis y su instrumento de Emocionología y Ontología, el Existencialismo Esotérico.

Se da por entendido para quien no sea coprófago, manco mental o sepulcro blanqueado que en este modelo cósmico-humano se plantea la enumeración compacta y sistemática de una metodología práctica que enseña a forjar el carácter, romper las limitaciones y abrir brechas de autorrealización. Mi mano amiga se halla extendida en gesto fraternal y afectuoso para todos los que con sinceridad de espíritu buscan su propia identidad, anhelan la superación del bagaje ordinario y aspiran a sobresalir en el escenario de la sociedad con ese derecho inalienable a ser mejor, a alcanzar el reconocimiento y a lograr los bienes que en el mundo material coadyuvan a la obtención de eso tan difícil y a la vez posible que es la felicidad.

Con el Poder que he alcanzado les exhorto a continuar hacia delante, con la Gnosis (Sabiduría Secreta) que me ilumina les invito a continuar esta aventura interminable, con mi acción práctica y determinante les evoco la llave maestra del Ephata.

Quede levantada la jettatura del anatema del pasado….A partir de ahora los condeno al triunfo total en el futuro.

Thelema y Nike: ¡Ukase!

ACERCA DE LA OBRA BARACUTEI

Los indios autóctonos de las Antillas desarrollaron una cultura aborigen en la isla de Cuba. Eran pacíficos, laboriosos y leales, siendo los Tainos su tribu más destacada política y socialmente.

Entre las varias tribus indígenas caribeñas Tainos, Siboneyes, Guanahatabeyes, que poblaron el archipiélago cubano, emergió un fenómeno antropológico muy peculiar: de entre los caciques y brujos originales surge un personaje solitario, meditabundo, rebelde y poderoso. Ese fue Baracutei. Su significado es que se encuentra en solitario mientras busca su propio camino, sin temor a nada ni a nadie, y además, a él "le sumba" (vocablo que en el argot criollo significa que es temerario e intrépido y que se destaca de entre los demás), lo que mimetiza al ánima sola y al duende errante de los mitos ancestrales indígenas.

He designado con este nombre, Baracutei, al codicilo de técnicas y fórmulas mágicas y mistéricas que sirven para guiar a los Maestros en la Enseñanza de Ocultura Universalis en esta Arcaica Iniciación. Otros maestros de la Gnosis y el Hermetismo han dado sus propios modos de designar a sus libros de técnicas esotéricas. La tradición del Esoterismo nos muestra que todos los Grandes Maestros han confeccionado su propio código y han vertido en el mismo tanto su experiencia como su manera peculiar de encubrir en el secreto anagramático y criptográfico el summum de sus logros, alcances y poderes.

Me he propuesto completar este manual y al terminar su compilación extensa y meticulosa, lo entrego con amor, dedicación y encantamiento al círculo interno de nuestro Corpus Mysteriorum, a los fratres y sorores de los grados 33°, 66°, 90° y 95° de los Sublimes Ritos de Memphis y Mizraim, del Rosacrucismo Gnóstico, el Martinismo Iluminista y el Templarismo paramasónico.

Nuestro organigrama tiene al aparato eclesiástico como centro focal de las instituciones laterales de esta Gran Obra. Esta organización no es simplemente una suma de miembros sino un complejo de organismos integrados bajo la tiara y el báculo de este siervo de los siervos de Dios, yo mismo.

Como está establecido en la Constitución y Cánones de la Iglesia Católica del Rito Antioqueno, de la que soy Fundador y Primado, me corresponde a mí personalmente designar por mí mismo únicamente y bajo mi entera y absoluta responsabilidad, a mis legítimos sucesores. Así este Manual Baracutei, junto a la Liturgia Gnóstica del Tercer Milenio del Cristianismo y la legislación de nuestro Código de Derecho Canónico integran el cuerpo doctrinal y metodológico que he instituído y establecido para la Gloria de Dios Todopoderoso en el Nombre Sacrosanto de Jesucristo, el Redentor, por la Gracia del Espíritu Santo. Amén.

El Fundador
Arzobispo Dr. Roberto de la Caridad Toca y Medina 33°, 66°, 90°, 95°, 97°, 99° OHO
Su Beatitud Sar Mar Profeta
Primado de la Iglesia Católica del Rito Antioqueno
Presidente de la Universidad Internacional de Teología y Parapsicología
Ideólogo Magistral de la Doctología, A.E.I.O.U. y el Existencialismo Esotérico
Hierofante Iniciador del Corpus Mysteriorum
Soberano Gran Comendatore Excelsis Grados 33°, 90°, 95° de los Sublimes Ritos de Memphis y Mizraim, OTOA, Rosacrucismo, Iluminismo, Martinismo, Temple y Paramasonería.

Iglesia Católica del Rito Antioqueno
Catedral de la Santísima Trinidad
Abadía Ortodoxa Gnóstica

2008 Chesapeake Drive,
Odessa, Florida, 33556
USA

P.O. Box 8473
Tampa, Florida 33674- 8473
USA

Teléfono: 813-926-2800
E-mail: smprofeta@sprintmail.com
www.sarmarprofeta.org
www.youtube.com/sarmarprofeta
www.facebook.com/arzobisporoberto.toca

Un anticipo de una obra extraña….

CLAVICULA Y CODICILO BARACUTEI

2lp1tr31rc1d4t13n4c4nst3t5342ll3n1j2d2lc1c3q53sm4p4l3g1m3c
4d2r3v1nd42nl12st3rp2d2l4sb23q52sq522r1nl4sbr5j4sc5r1nd2r4s
h2ch3c2r4sq52r2nd31n2lc5lt442lr3t42n2ln4mbr2s1gr1d4d2l4sl51
c2sl1sd3v3n3d1d2sr2g3d1sp4r14c542l1br1x1s1b4r3g2n.

l11n1l4g31d2l3l3ths22nc52ntr12n2lm3t4d2ls4l3l1l5n12n2lq522nl
1c52v1j4v4v1v1s5rg2nd2l4ss2r2s1s2x51d4sp4r4br1d23r32lp1j1r4
q521g5j2r21b1l4s1rb4l2sl1sm5j2r2sq52c1m3n1b1nc4nl4sp32sh1c
311tr1sd2l1c3g51r1y11lc2s1v2q52n4s2p4d31c4rt1rn3t5mb1rs3n2
lp2rm3s4d2lc5c111mb2d2l4c4ntr1r34l2ss5c2d2r31c4m41ch1c5mb
2l2q522lm3sm3t4s2m1t4.

5ns3g53p142sl12nt3dd1df2m2n3n1q52c1m3n1c4nl4sp32sp1r11tr
1s3t2d1r15n1p32dr1d2r1y4h1ch1t13n1p1r1q52t2ng1s2lp4d2rd2lb
2h3g52.

Mr1mr2mr3mr4mr5
Sr1msr2msr3msr4msr5m
Rl1rl2rl3rl4rl5
Nr1nr2nr3nr4nr5
Ln1ln2ln3ln4ln5

Nl1nl2nl3nl4nl5
Ln1ln2ln3ln4ln5
Ml1ml2ml3ml4ml5
Jr1njr2njr3njr4njr5n
Rl1rl2rl3rl4rl5

Nota del Autor: El texto íntegro de "Baracutei" se compone del elemento simple como el que aparece en esta página, seguido de una escritura simbólica, una porción anagramática y la parte críptica que abarca todas las palabras de poder, mantrams, mudras y ejercicios de técnicas, experimentos y procedimientos taumatúrgicos.

EPILOGO

Un teorema como el que he presentado ha sido concebido con el deliberado intento de propiciar el esclarecimiento y comprensión orgánica del Sistema de la Doctología.

A lo largo del tiempo la Ocultura o sea, la Cultura de lo Oculto, ha fertilizado las religiones del mundo, las escuelas de filosofía y arte, de ética y de estética, así como las corrientes científicas más connotadas. Por eso mismo el objetivo declarado de mostrar una metodología práctica y a la vez doctrinal ha imbuido el planteamiento original de esta ideología por mí creada.

En el contacto y la conexión con el mundo oculto o lo que equivale a decir el plano invisible de este universo multidimensional en el que por ahora vivimos, nos movemos y tenemos nuestro ser, nos hemos impregnado de esta Máxima Mística Mistérica que relaciona al homo sapiens con entidades de naturaleza sutil, o sea, ángeles, ectoplasmas, extraterrestres, intraterrestres, ultraterrestres y otras formas existenciales del plano astral. Una vez obtenido el conocimiento de Ocultura que lleva a esta entelequia cruzamos el abismo de separación entre lo físico y lo suprafísico, entonces la realización objetiva de la comunicación se explicita por medio de la Doctología (A.E.I.O.U.) y sus técnicas de la dinámica intuitiva activa y taumatúrgica del Existencialismo Esotérico.

El Delfín en particular responde a un mecanismo de retroalimentación o biofeedback, siendo un ente superior en el reino animal y puente de acercamiento entre las especies marinas y los seres invisibles, ya sean extraterrestres o angelicales, y esto demuestra la posibilitación por parte de los Arcontes del Destino de fomentar el vínculo de interrelación para el desarrollo inusitado de las potencialidades del alma humana cuando nos ponemos en sintonía con las leyes (Homonomía) que una vez manejadas correctamente nos abren el umbral de la existencia incondicionada , y en el plano espiritual la supervivencia a la muerte física y luego del incremento de las formas elevadas de consciencia, la procuración de la inmortalidad.

Pero más allá de la retórica, en el codicilo genético del ser humano habita el germen de la autorrealización por el aprendizaje de la activación de la Mónada, del Jiva, del Ego, del ser más allá del Tiempo por encima de la Nada.

La enseñanza fundamental de la Doctología, de la Ocultura y del Existencialismo Esotérico es corolario de la Iniciación al Misterio de todas las Edades y la conservación de la Memoria Histórica de la Naturaleza en nosotros, o sea El Augoides en el Akasha, el alma cristalizada del homo sapiens en la esfera del Éter del Espacio.

Con el rompimiento de las cadenas que por siglos han atado y siguen atando a los hijos de la raza de los hombres se pone en efecto la Ley de Anticausación o Karmarless y junto a este estadio de la existencia condicionada se viene a abrir el canal que da paso (antakarana) a los reinos de la suprasensibilidad y la ultraconciencia.

Reafirmamos la rotunda Verdad de la Gnosis del Tercer Milenio, esto quiere decir que el Ocultismo es secreto, que Ocultura es cultura de nuestra civilización tecnológica obrando en función de parámetros que le son propios y tan diferentes del esoterismo metafísico, la religión convencional y la ciencia inexacta como la pertinaz consubstancialidad con el secreto, la iniciación y el Misterio.

La presencia del Maestro Iniciador o Hierofante se recalca en este presente actual en la función ministerial en vocación y abnegada en elaboración de los Doctólogos o Maestros del Conocimiento de Ocultura. La Iniciación ha devenido actualmente en el sistema académico que abarca los niveles de oyentes, neófitos y probacionistas en el lenguaje esquemático que a esta ideología le caracteriza, o sea, los estudiantes del circulo externo, los Ilustrados, los Enciclopedistas y después los Académicos.

Convergen así las trayectorias del ritual Iniciático mágico y la exteriorización de los elementos constituyentes del inconsciente colectivo que lleva al estudiante realizado o tal vez autorrealizado por medio de la Doctología al más alto nivel de la escala humana. Lo que en el plano animal representa la salida del alma grupal para llegar a la condición humana tiene pues su analogía en la salida del Inconsciente colectivo de la raza humana a la que pertenece para ingresar en el tono vibratorio de los seres superhumanos que han hecho o han de hacer su mahasamadhi (muerte final consciente y liberación de la rueda kármica de la reencarnación). La multiconsciencia llega entonces a brotar en medio de los estados intersexuados y despersonalizados. La Tanatosofía se ocupará del alma desencarnada, de la sujeción a las almas en pena, las almas vagabundas, las almas perdidas y los desalmados.

Para los coprófagos, los mancos mentales y los sepulcros blanqueados no habrá lugar en este Nirvana de la inmersión del Yo en la Divinidad; renunciando al yo (irreal) el universo se convertirá en Yo (real y supraexistencial). Los mitos y leyendas que ocultan metafóricamente el desplazamiento del Jiva (ser espiritual activo) hacia el tálamo hipocrático de las Bodas Alquímicas pueden ser auténticamente interpretados y correlacionados orgánicamente en un método de desarrollo eficaz por el poder del Fuego serpentino (Kriyashakti), del Herisarca y del Hierofante que como puente (Pontífice) entre la Humanidad (en su todo integral de Inconsciente colectivo) y el Demiurgo o la Divinidad, inicia para el estudiante de la A.E.I.O.U. el camino hacia el pináculo de la Sabiduría, el Poder y el Amor.

En este punto doy expresión genuina de apreciación de la noble faena que mis Iluminados Maestros han tenido para conmigo al instruirme de forma doctrinal y pragmática en la Summa Esotérica de la Gnosis (La Verdad Divina revelada en la Consciencia) que me ha nutrido y enseñado para a mi vez enseñar también a otros sinceros buscadores de la Verdad. Figuras emblemáticas de este magisterio espiritual para conmigo han sido y son el Maestro Ideal de mi Gran Obra, Johannes Müller Rider (Sar Telémako) así como el insigne Maestro Sushumbe Tombe y el Supremo Avatar El Baba Maron Athos. Ellos y otros excelentes próceres de la emancipación de las almas de los hombres cuya lista de nombres es infinita son mis contactos y paradigmas. El objetivo es llevar a cada uno de los estudiantes a las puertas del umbral del mundo invisible ante la presencia del Maestro de Ocultura, aunque con la consabida advertencia acerca del Terror de este umbral, de su Guardián y de todas las pruebas y ordalías a que es sometido el sencillo estudiante y el intrépido buscador.

He puesto lo fundamental del Esquema y la Estructura de la A.E.I.O.U. y he delineado la forma contemporánea de ascender a las fuentes del Saber y del Poder. En el nivel que me permitieron mis perceptores espirituales lo he delineado todo. Escribí con enigma pero ofrecí las claves. Una exégesis posterior de mis libros, de su contenido y propósito, iluminará a los que lean de nuevos estas mismas páginas dentro de algo más de tiempo. Tiempo que

será diferente para cada persona. A veces hay quienes desean borrar sus huellas, olvidar pasado y presente y quizás sí o tal vez no: ¡volver a empezar!
Estoy tan plenamente satisfecho con lo vivido, con lo que he experimentado, con lo que he obtenido, que las pocas espinas incrustadas en los tallos de las rosas alrededor de mi cruz no me han hecho mella alguna; por el contrario, han sido atisbos de atención que despertaron en mi individualidad una mayor sensibilidad a la gloriosa experiencia que vivencié y que aún sigo excitadamente y también exitosamente gozando. Por esto y por lo demás: Gracias a la Vida Divina, que una vez más declaro que me ha dado tanto.
Quisiera a los que amo retener conmigo más allá del tiempo, del espacio, de la memoria. Lo he podido hacer con ese halo de luz cristalizada que el viento no logró quebrar, con mi "espejo de paciencia", pero sobre todo con la ayuda, la inspiración y la protección de Dios, el Padre Celestial. A mi Dios que vibra y que brilla en todo el Cosmos y a Su Hijo el Cristo Cósmico, les ofrezco postrado esta Obra que es para Su Gloria y para cumplir Su Voluntad. En Su Nombre. Amén.

En profunda acción de gracias al Demiurgo, postrado delante de su altar tomando el cetro, es pronunciada la palabra perdida de todos los tiempos: Abracadabra, Ephata, esto es, ¡Abrete!
(En noche de luna nueva, cobijados del frío por el hogar de la serpiente emplumada que emprende el vuelo al no-final).

En el entresijo de la penumbra que despide al año viejo y da la bienvenida al nuevo año, andando en los predios y jardines de mi Sede en Odessa, muy cerca de Shangri La, de Agharta y Shamballah. Y nadie que sepa lo dude: Aquí está también Asgard.

BREVE BIOGRAFIA DEL ARZOBISPO DR. ROBERTO TOCA (SU BEATITUD SAR MAR PROFETA)

Nacido en la ciudad capital de Cuba, La Habana, a las 12 del mediodía del día 11 del mes de enero del año 1945. Estudió en las Escuelas Pías; recibió la sotana de seminarista a los 11 años de edad el 15 de Septiembre de 1956 en el Seminario Diocesano "El Buen Pastor" de La Habana, siendo ordenado al ministerio sacerdotal el 13 de junio de 1966 en la Iglesia "Cristo el Redentor" de Miramar, Cuba. Fue elevado al Episcopado el 11 de julio de 1976 en la Iglesia de "Santo Tomás el Apóstol" de Guantánamo, Cuba. Posteriormente, el 15 de septiembre de 1982 fue consagrado como Arzobispo con el rango de Exarca Patriarcal para los Hispanos en la Sede de la "Iglesia de Antioquia y del Oriente", en Mountain View, California, Estados Unidos. En 1990 fue entronizado oficialmente como Primado de la Iglesia Católica del Rito Antioqueno, fundada por él en el Estado de Florida, Estados Unidos de América, el 27 de febrero de 1980.

Iniciado en la Escuela Esotérica de Teosofía en enero 12 de 1963. Su ingreso en la Sociedad Teosófica se produjo el 15 de Mayo de 1961. Iniciado en la Fraternidad Rosa Cruz Tradición Gnóstica OTOA Maestro Huiracocha (Dr. H. A. Krümm Heller) el 21 de junio de 1960. El 22 de marzo de 1960 fue iniciado en la Escuela Magistral CHISPA del sistema del Cuarto Camino. Iniciado en Escuelas y Ordenes Mistéricas del Temple, Martinismo, Iluminismo y Masonería entre 1961 y 1966.

Doctorado en Teología por C.G.M. en 1976; Doctorado en Parapsicología por el Centro Internacional Universitario en 1976; Doctorado en Divinidades por el International Bible Institute & Seminary en 1985; Doctorado en Divinidad (Teología) por el International Seminary en 1985; Doctorado en Sagradas Escrituras en 1986 por el College of Seminarians; Doctorado en Teología por el Anglican Seminary en 1983; Doctorado en Ministerio por el Pan Orthodox Seminary en 1987; Doctorado en Hipnología e Hipnoterapia en 1986. Licenciado en Literatura Latino-Americana UNESCO 1979. Licenciado en Museología por la UNESCO en

1979. Grado Doctoral en Teología del Monasterio Maniqueo en 1983.

Ha viajado intensamente por los cinco continentes incluyendo en varias ocasiones India, Nepal, Tíbet, Egipto, Israel, Turquía y múltiples veces a Japón, Corea, el área del Pacífico así como Europa, el Caribe y América Latina.

Ha publicado artículos periodísticos en Cuba, Estados Unidos, España, y en otros países. Director, productor y presentador de programas de radio tales como "Confesionario" y "Universidad del Aire" desde 1980 hasta 2002, y de las series de televisión "Desde el Punto de Luz", "La Universidad del Alma" y "La Academia Popular" desde 1980 hasta el año 2004, habiendo obtenido el premio en categoría étnica en 1990. Desde el año 2005 produce, dirige y presenta el espacio cibernético "TeleMente" en su sitio de Internet www.sarmarprofeta.org.

Ejerce el Ministerio eclesiástico de Arzobispo Primado en su Sede de la Catedral de la Santísima Trinidad en Odessa, Florida, Estados Unidos de América.

Ostenta el cargo de Soberano Gran Comendatore de los Sublimes Ritos Paramasónicos de Memphis y Mizraim, Supremo Gran Maestre de la Fraternidad Rosa Cruz, OTOA, Hierofante. Iniciador del Corpus Mysteriorum A.E.I.O.U. Fundador y Presidente de la Universidad Internacional de Teología y Parapsicología, Centro Mundial de la Doctología, Presidente y Director Ejecutivo de TeleMente.

LA GRAN OBRA LITERARIA DEL ARZOBISPO DR. ROBERTO TOCA (SAR MAR PROFETA)

FUNDADOR DE LA DOCTOLOGÍA: EXISTENCIALISMO ESOTERICO Y ARCAICA ENSEÑANZA INICIATICA DE OCULTURA UNIVERSALIS

1. CULTOS OCULTOS (Primer Tratado de Doctología)
2. LA CLAVICULA DE OCULTURA (Teorema del Sistema de la Doctología).
3. SOBRE HOMBROS DE GIGANTES.
   El Sendero Solitario, a la Luz de la Doctología. Una reseña de los Grandes Seres que fueran mis Maestros y sobre cuyos hombros pude llegar tan alto.
4. INICIACION EN OCULTURA UNIVERSALIS
   La Doctología interpreta el significado psicológico, sociológico y taumatúrgico de todos los rituales y simbolismos de las Fraternidades Herméticas, Escuelas Esotéricas, Ordenes Mistéricas y Sociedades secretas de la Historia de la Tierra.
5. LLAVE MAGISTRAL DEL SABER Y EL PODER
   El Existencialismo Esotérico como sistema ideológico de Doctología para la Auto-Iniciación, Auto-Realización y Auto-Liberación.
6. LA HISTORIA DE UNA MUJER CUALQUIERA
   El personaje representativo Silvia Silva llega a América y recuerda todos los hombres y mujeres que conoce en su vida.
7. IMITACION DEL YO (Autobiografía de Sar Mar Profeta)
8. GLOSARIO DE OCULTURA – Tesauro de Doctología.
9. SIBILAS O AMANTES
   La vida íntima del Maestro.
10. BARACUTEI (Manual secreto para los Maestros y Altos Dignatarios de la A.E.I.O.U.)
11. DESNUDA SOPHIA (Desde el Rayo de la Creación y los Temperamentos Humanos a la Constitución Eneagramática del Ser).
12. LITURGIA Y CANON DE LA GNOSIS DEL III MILENIO DEL CRISTIANISMO (Misal, Sacramental, Ritual y Estatutos de la Iglesia Católica del Rito Antioqueno y sus organizaciones laterales integrantes).

www.ingramcontent.com/pod-product-compliance
Lightning Source LLC
LaVergne TN
LVHW090938080826
845145LV00003B/804

* 9 7 8 0 9 7 7 9 0 7 5 0 2 *